저자	박영희
발행	한국인사관리협회
1판 1쇄 인쇄	2023년 6월 28일
1판 1쇄 발행	2023년 7월 6일
2판 1쇄 인쇄	2024년 1월 2일
2판 1쇄 발행	2024년 1월 10일
발행처	한국인사관리협회
편집·기획	월간 인사관리 편집팀
주소	서울 성동구 성수일로 77 서울숲IT밸리 1402호
전화	02)2268-2501~4
홈페이지	www.insabank.com
출판등록일	1990년 3월 11일
출판등록번호	제 2015-000078호
ISBN	978-89-87475-78-3
값	18,000원

지적저작권 안내

「실리콘밸리의 HR이야기」 도서는 한국인사관리협회에서 편집하여 발행한 것입니다.
이 책의 저작권 및 상표권은 한국인사관리협회에서 보유하고 있으므로 무단전제의 복제를 금합니다.

혁 신 기 업 과　　사 람 의　 힘
실리콘밸리의 HR이야기

박영희 지음

● 감사의 글

지난 성장 과정의 산물, 감사를 전하며

"한 아이를 키우려면 온 마을이 필요하다"라는 아프리카 속담이 있다. 이 말은 아이가 온전하게 성장하는데 가정뿐만 아니라 학교, 지역 사회 등 여러 곳의 노력과 도움이 필요하다는 의미이다. 어떤 분야의 전문가가 되는 과정도 비슷하지 않을까? 지난 22년 동안 글로벌 HR 전문가로 성장하고 있는 저자도 학교, 기업, 그리고 많은 인연과의 배움과 교류 속에서 지금의 내가 되었다고 생각한다. 이 책은 지난 성장 과정의 산물이다. 이 과정에 있었던 모든 분에게 감사하다.

내가 기업 현장에서 고민하는 HR의 학문적 배경은 조직 심리학이다. 서울대 심리학과를 정년퇴임 하신 김명언 교수님께 조직 심리학을 배웠다. 부족한 제자에게 항상 따뜻한 메시지를 보내 주시고 응원을 아끼지 않으시는 선생님께 감사하단 말만으로는 늘 부족하다. 그리고 대학원 연구실에서 큰 힘이 되어주신 임성만 선배님과 이건욱 선배님, 그리고 멋진 동기 김태연에게 감사하다.

컨설턴트로의 시작, 그리고 소중한 인연

HR 필드의 첫 번째 경력은 컨설턴트였다. 2000년대 한국의 많은 기업이 '신인사제도'라는 비전을 가지고 컨설팅 회사를 찾았고, 저자는 다양한 기업과 일하면서 짧은 시간 동안 사고의 폭과 경험을 넓힐 수 있었다. 당시 머서(Mercer) HR에서 만났던 뛰어난 실력의 컨설턴트로부터 받았던 자극과 도전이 성장의 밑거름이 되었다. 특히 평생 멘토와 가이드가 되어준 김기령 박사님과 최성원 선배님께 감사를 드린다.

HR에 대해 학문적인 지식을 넓히고자 선택한 미국 코넬 대학교 ILR 스쿨에서의 2년의 기억은 참으로 소중하다. 짧았지만 치열했던 이타카 그 시골 마을에서 HR에 대해 깊게 토의하고 미래에 대해 함께 고민했던 유성준 선배님과 박정혜 님께 감사하다. 또한 코넬 ILR 스쿨을 통해 맺은 각 분야의 많은 HR 선배와 후배와의 인연에 감사한다.

미국에서 첫 번째 직장은 샌디에이고에 있는 LG 전자 모바일 판매 법인이었다. 지금은 LG 전자가 모바일 사업을 중단했지만 2008년은 LG 피처폰이 미국 시장 1, 2위를 다투던 때였다. 이때 미주 모바일 사업을 책임지는 샌디에이고 법인에는 LG 전자에서도 실력 좋은 인재로 가득 차 있었다. HR팀도 마찬가지였는데, 팀장이자 나의 보스였던 Sadie Stern을 비롯해 Patty McKay, Mamie Richards, Kasey Konkright, Trina Wan, Sarah Knight, 최연희. 모두가 나의 글로벌 HR 경험을 만들어준 소중한 인연이다. 그리고 내가 이끄는 HR팀에 함께 해준 Sonya Choi 박사님, Emily Derr, Vickie Stone께 감사를 드린다.

실리콘밸리 SK 하이닉스 미주 법인 HR팀을 이끌면서 리더십, 그리고 글로벌 HR 시각을 넓히는 경험을 가질 수 있었다. 9년 가까운 이 시간을 함께해준 멋진 HR 멤버들에게 감사한다. Michelle Kim, 남진욱, Larry Huynh, Vivian Nguyen, 배태근, 최지은, Lisa Loredo, Linda Kim, 백주은, Yvonne La, Fiona Fang, Kristine Lee, Jessica Jiang, Jessica Lee, 오수연, 이영선, 그리고 Jennifer Rhee. 특히 이 책의 그림 스케치 아이디어 제공과 교정을 도와주신 오수연 님께 감사드린다.

태평양을 건너 한국에서 미국으로
동부에서 서부로, 학교에서 기업으로

2016년 실리콘밸리에서 시작한 '실리콘밸리 HR 연구회'는 베이 지역(Bay Area)에서 근무하는 한국인 HR 프로페셔널 모임이다. 애플, 구글, 메타 등의 빅테크 기업과 SK, LG, 현대차 등과 같이 실리콘밸리에 진출한 한국 기업 HR 담당자가 정기적 만남을 통해 지식과 경험을 나누는 단체이다. 5명으로 시작한 이 연구회는 지금은 (2023년 12월 기준) 카톡방 가입 인원수를 기준으로 73명이 넘는 HR 모임으로 성장했다. 이 책의 많은 부분이 연구회 모임을 통해 배운 지식과 경험에 기반하고 있다. 실리콘밸리 HR 연구회 모든 분에게 감사하고, 특히 연구회 모임이 커 가는 과정에 함께한 박은연 박사님과 오영선 님께 감사한다.

「월간 인사관리」와의 인연은 2006년 "왜 HR을 싫어하는가?" (책 본문 2부 참조)란 칼럼이 소개되면서 시작되었다. 이후 「월간 인사관리」는 저자의 글로벌 HR 경험을 한국 HR 담당자와 나누는 소중한 통로가 되어주었다. 이 책이 나오는 데 가장 큰 역할을 해준 「월간 인사관리」 구본희 편집장님과 송해연 팀장님께 깊은 감사를 드린다.

책 본문 1부에 실리콘밸리 기업문화를 다루면서 심리적 안전(Psychological Safety)이 성공 기업의 핵심 DNA라고 소개했다. 지난 22년 사회인으로 삶을 돌이켜보면 무엇인가 변화를 선택할 때 실패에 대한 큰 두려움이 없이 어느 정도 자신감을 가지고 결정했던 것 같다. 태평양을 건너 한국에서 미국으로, 동부에서 서부로, 학교에서 기업으로, 기업에서 또 다른 기업으로. 물리적, 정서적으로 큰 이동과 변화는 쉽지만은 않지만 언제나 나를 믿고 지지해 주는 가족이 있어 가능했다. 즉 나의 심리적 안전은 가족이 준 선물이다. 사랑하는 아내 최유나, 그리고 자랑스러운 두 아들 박준희와 박찬희에게 고마움을 전한다. 끝으로 모든 일을 가능하게 하신 하나님께 감사드린다.

저자 **박 영 희** 2023년 12월

추천사

> AI혁신, ESG 가속화, Geopolitics 등 대전환의 파고는 회사는 물론 현재를 살아가는 사람들 모두에게 지속가능성 측면에서 커다란 도전을 주고 있다. 이러한 변화의 시대, Business Transformation을 지원함과 동시에 구성원들의 행복을 담당해야 하는 HR의 역할이 어느 때보다 중요하다. HR을 새롭게 디자인하며 끊임없는 도전을 하고 있는 사람들에게 미래의 변화를 먼저 경험할 수 있다는 측면에서 이 책을 추천하고 싶다.

조돈현, SK mySUNI CLO

> 혁신기업이 되는 것도, 혁신기업의 DNA를 유지하는 것도 우리기업에서 지속적으로 답을 찾고 있는 영역이다. 필자가 이야기하듯이, "창의와 혁신을 발현하게 하는 인간의 지능과 이를 끌어내는 조직의 능력에서 이 시대의 승자와 패자가 갈릴 것이다." 본 서는 시중에서 쉽게 찾을 수 있는 벤치마킹 보고서가 아니다. 실리콘밸리의 기업에서는 어떤 제도가 있고, 어떻게 운영되는지를 표면적으로 다루는 것이 아니라, 그러한 제도와 운영형태는 어떠한 철학과 기조를 기초하고 있다는 것을 다루었다. 그래서 과거 우리기업이 많이 실수했던 '단순한 모방'이 아닌 '재창조와 변형'을 가져올 수 있도록 구성하였다. '거인의 어깨에 올라서면 멀리까지 내다볼 수 있을 뿐 아니라 통찰까지 얻을 수 있다'라는 말로 추천사를 마무리한다.

김기령, 태드솔루션 자문/경희대 겸임교수

❝

이 책은 전 세계 IT 혁신을 이끌고 있는 실리콘밸리 기업 성공을 HR과 조직 문화 관점에서 쉽게 이해할 수 있도록 안내해 준다. 저자가 실리콘밸리 현장에서 HR 업무를 수행하면서 쌓은 경험과 통찰이 잘 정리되어 있으며, HR의 미래와 변화를 고민하는 HR 담당자는 이 책을 통해 값진 지적 성장을 얻을 것으로 확신한다. 또한 '실리콘밸리 Inside'는 실리콘밸리의 속사정을 아주 흥미롭게 풀었다. 혹시 실리콘밸리에 출장이나 여행을 간다면 미리 일독하기를 강력히 추천한다.

❞

유 성 준, LG전자 노경담당

❝ 실리콘밸리와 한국의 인사시스템을 고루 경험한 저자의 시각으로 본 사람경영의 다양한 관점이 잘 담겨 있는 책이다. 4차 산업혁명 시대의 도래, MZ 세대의 진입으로 인해 국내의 경영자와 인사담당자들의 고민이 깊어지고 있다. 최근 실리콘밸리 인사시스템을 무비판적으로 도입하는 사례들이 많이 목격되고 있는데, 저자가 현지에서 경험하고 관찰한 실리콘밸리 인사 철학과 그 배경을 이해함으로써 국내의 인사 시스템이 한차원 업그레이드되기를 기대해 본다. ❞

황 성 현, 퀀텀인사이트 대표

66

세계적인 기술 허브, 실리콘밸리는 실력과 잠재력이 있는 인재라면 어떠한 편견이나 두려움 없이 새로운 것을 시도하고 도전하며 일하는 곳이다. 과업과 성장, 관계의 본질을 하나하나 쪼개서 깊이 생각하게 하는 오랜만에 탄생된 HR 전문도서가 탄생했다. 이 책은 진정한 능력주의와 혁신의 의미를 명확하게 이해시켜 줄 수 있는 좋은 지침서라고 생각한다. 99

정 태 희, (주) 리박스컨설팅 대표

66 "HR을 통해 바라보는 실리콘밸리로의 여정을 함께 해주세요."

『월간 인사관리』 잡지를 매월 제작하는 사람으로서, HR을 다양한 방식으로 바라보고, 기록하는 일은 언제나 재미있다. 그런 맥락에서 이번 책은 '실리콘밸리의 HR 이야기'라는 하나의 주제를 관통하며 기록하는 아카이브적인 역할을 넘어, HR에 대한 다양한 시각을 볼 수 있었고, 우리나라 HR의 미래를 가늠해보는 새로운 시간이었다. 오랜 인연인 저자와 콘텐츠를 통해 실리콘밸리의 기업과 사람·장소를 여행하며, 콘텐츠가 가진 힘을 다시 한번 확인하게 되었다. 독자 여러분 또한 HR에 대한 '즐거운 앎'의 시간과 현장에서 치열하게 고민하는 HRer에게 현업에 대안이 될 만한 '아이디어'를 얻을 수 있는 시간이 될 것이라 확신하며, 이 여정을 함께 즐겨주길 바란다. 99

구 본 희, 『월간 인사관리』 편집장

> 실리콘밸리의 HR 중 좋은 부분만 잘 골라 한국 실정에 맞게 더 빨리 적용할 수는 없을까? 저자가 실리콘밸리에서 일하는 동안 홀로 또 뜻있는 지인들과 머리를 모으기도 하며 항상 고민한 질문이다. 실리콘밸리의 사례를 분석하는 것에 그치지 않고 HR 전문가의 눈으로 찬찬히 뜯어보고 한국기업에 최적화된 인사이트를 끌어내어 쉽게 이야기하듯 풀어나간 이 책이 반갑다. 지금 이 격동기에 '사람과 일'의 방향을 잡고자 하는 기업의 인사와 경영 리더들에게 큰 도움이 되리라 믿는다.

박은연, 실리콘밸리 HR Forum 회장

> 이 책은 저자가 오랜시간 현지에서 고민하고 경험한 바를 독자들에게 친숙한 언어로 흥미롭게 소개하기에 가독성이 높다. 그러면서도 책에서 소개된 20가지 이야기가 혁신을 꿈꾸는 한국기업에 던지는 메시지는 꽤 묵직하다.

정선욱, 서강대 경영대학 교수

● 출판 목적

4차 산업혁명 시대이다. 초연결(Hyperconnectivity)과 초지능(Superintelligence)을 특징으로 하는 이 시대에서 우리는 지금껏 경험하지 못한 속도의 기술 발전을 목도하고 있다.

인공지능, 빅데이터, IoT, 클라우드 컴퓨팅, 3D 프린팅, 메타버스 등등. 그럼 누가 이를 이끌 것인가? 결국 사람이다. 다만 사람의 육체적 노동력보다는 창의와 혁신을 발현하게 하는 인간의 지능과 이를 끌어내는 조직의 능력에서 이 시대의 승자와 패자가 갈릴 것이다. 당연히 조직에서 사람을 다루는 HR의 역할은 그 어느 때보다 중요성이 드러날 수 밖에 없다. 하지만 우리에게 익숙한 HR 방식으로는 불가능하다. 그래서인지 최근 선진 기업에게 HR이 아니라 People이나 Culture 등을 조직명으로 쓰는 경향이 나타나고 있다. 이는 정체성 변화를 통해 과거 HR 한계를 넘어서는 노력이라 할 수 있다. 이처럼 조직명 변경도 중요하지만, 본질은 어떤 HR이 새로운 시대에 적합한지, 나아가 HR 자체의 변화는 어떻게 진행되어야 하는지에 대한 고민과 통찰이다.

이 책은 저자가 실리콘밸리에서 HR 조직을 운영하면서 쌓은 경험과, 지난 16년 동안 여러 HR 관련 잡지에 기고한 글을 중심으로 HR의 변화 방향에 대해 해답을 제시한다. 현업 HR 담당자뿐만 아니라 4차 산업혁명에 살아남는 조직을 만들기 원하는 기업 경영자와 리더들에게 이 책은 의미 있는 방향성과 통찰력을 제시할 것이다.

실리콘밸리의 HR 이야기:

글로벌 HR 전문가가 들려주는 실리콘밸리 기업과 사람, 경영 이야기

● 목차

감사의 글	4
추천사	8
프롤로그	16

제 1 부 실리콘밸리 문화에서 HR의 미래를 찾는다

이야기 1. 왜 실리콘밸리는 혁신을 주도하나?	22
이야기 2. 미국 실리콘밸리의 기업문화 DNA: 심리적 안전, 다양성, 긍정적 기대	28
이야기 3. 범인은 기업문화가 아니다!	37
이야기 4. 실리콘밸리의 뜨거운 주제, 직원 경험(Employee Experience)	42
이야기 5. 리텐션(Retention)이 핵심 경쟁력이다!	51
실리콘밸리 Inside: 구글이 가장 두려워하는 회사는 스타트업	58

제 2 부 HR 변화는 선택이 아니라 필수이다

이야기 6. 왜 HR을 싫어하는가?	68
이야기 7. 전략적 HRM: 월마트와 웨그먼스 사례	75
이야기 8. HRBP(HR Business Partner) 모델과 미래	79
이야기 9. 기업 인력 유형 및 HR 전략	88
이야기 10. GM과 GE, 그리고 HR	99
실리콘밸리 Inside: 실리콘밸리의 두 얼굴 – 성차별 이슈와 성평등을 위한 노력	106

제 3 부 HR 변화의 현실적 적용

이야기 11.	상대평가와 절대평가, 누가 더 나을까?	120
이야기 12.	OKR, 흘러가는 유행인가, 성과관리의 해답인가?	129
이야기 13.	고용 브랜드가 답이다.	138
이야기 14.	사회적 자본, 퇴사를 바라보는 다른 관점	149
이야기 15.	ESG에서 HR 역할	155
실리콘밸리 Inside:	실리콘밸리에는 왜 인도인 CEO가 많을까?	165

제 4 부 휴머노크라시와 일의 미래

이야기 16.	휴머노크라시로 관료주의부터 극복하자	186
이야기 17.	휴머노크라시를 만드는 7가지 원리	194
이야기 18.	휴머노크라시 사례와 실행 방법	204
이야기 19.	리더십의 위기, 그 원인은?	213
이야기 20.	코로나19와 일의 미래	222
실리콘밸리 Inside:	실리콘밸리에서는 평생 엔지니어로 살 수 있어요!	232
실리콘밸리 Inside:	실리콘밸리 엑소더스, 그 실상과 원인을 진단하다	246

에필로그	258
참고문헌	262

● 프롤로그

실리콘밸리에서 만난 HR

2014년 5월 24일, 토요일이었다. 그 날 저자는 미국 캘리포니아주 샌디에이고(San Diego)에서 실리콘밸리에 위치한 산호세(San Jose)까지 이동을 위해 11시간 정도 운전을 했다. 두 도시의 거리는 약 750km, 교통 체증이 없이 쉬지 않고 달리면 8시간 정도의 거리지만 항상 LA 근처에서 꽉 막힌 도로를 만나게 된다(영화 '라라랜드'의 첫 장면처럼). 당시 저자는 한 달 전쯤 실리콘밸리에 위치한 새로운 직장(SK hynix 미주 법인 HR 팀장)으로 이직이 확정되었고 다음 주 첫 출근이 예정되어 있었다. 이 날 캘리포니아 5번 고속도로(Interstate 5, I-5)를 혼자 운전하면서 많은 생각과 다짐을 했었다. 특히 실리콘밸리가 어떤 경험을 줄지에 대한 기대와 설렘, 그리고 두려움이 섞인 수 많은 상상과 구체적이지 않는 계획이 머리를 맴돌았고, 이로 인해 11시간이 그다지 지루하지 않았던 기억을 가지고 있다.

저자가 실리콘밸리에서 일을 시작했을 당시 실리콘밸리를 대표하는 테크 기업을 의미하는 'FANG("팡": 페이스북, 아마존, 넷플릭스, 구글 등 4개 기업의 스펠링 첫 자를 따서 만든 신조어)'이란 단어가 유행했는데, FANG에서 아마존을 제외한 나머지 기업 본사가 실리콘밸리에 위치하고 있다(아마존 본사는 워싱톤주 시애틀에 위치함). 나중에 실리콘밸리의 대표 기업인 애플이 추가되면서 'FAANG("파앙")'라는 단어가 생겼고, 최근에서는 'MAMAA("마마")'라는 신조어가 나왔다. 'MAMAA'는 메타(페이스북의 새로운 사명), 애플, 마이크로소프트, 아마존, 그리고 구글의 모기업인 알파벳의 첫 자에서 만들어졌다(마이크로소프트의 본사도 아마존과 같이 워싱톤주 시애틀에 위치함). 이들 거대 테크 기업들의 혁신적 제품과 서비스에 전세계 기업과 소비자는 환호했고, 실리콘밸리에서 일하는 동안 애플(2018년), 아마존(2018년), 마이크로소프트(2020년), 구글(2020년), 페이스북(2021년)은 '꿈의 시총'으로 불리는 기업 가치 1조 달러(한화 약 1200조 원)를 달성했다(괄호안은 시가총액 1조 달러 달성 년도). 2014년부터 2022년까지 실리콘밸리 현장에서 테크 기업들의 거침없는 성장을 보고 느낄 수 있었다는 점은 행운이고 소중한 경험이었다.

당시 한국에서 많은 분들이 방문했다. 이들에게 공통적으로 받은 질문이 "실리콘밸리 기업들의 성공 원인은 무엇인가요?" "이들 기업은 기업 문화가 다른가요?" "한국 기업들도 실리콘밸리 기업처럼 되고 싶은데 방법이 무엇일까요?" 등등이다. 이들 질문에 수학 공식과 같이 명쾌한 정답이 있으면 좋겠지만, 기업 경영 특히 사람과 문화를 다루는 HR에서 이를 기대하기란 불가능하다. 다만 뿌연 안개 속에서도 자세히 앞을 주시하고 있으면 때로는 살짝살짝 앞의 형체가 보이듯이, 그리고 시간이 지나면서 어렴풋이 그 물체를 짐작할 수 있듯이 HR의 해답을 찾는 과정도 유사하다고 생각한다.

실리콘밸리의 경쟁력, 일의 미래

지난 20여 년 기업 HR을 경험하면서 해답의 실마리가 보일 때 마다 한국의 여러 HR 관련 잡지를 통해 생각을 나누었다. 이 책은 그 동안 「월간 인사관리」, 「월간 인재경영」, 「HR 인사이트」, 「Chief Executive」등을 통해 기사화된 원고와 실리콘밸리에서 경험한 HR을 하나로 모으겠다는 의지에서 출발했다. 지금까지 게재된 원고를 모으고 필요한 부분을 채우면 어렴풋이 안개 속 물체를 짐작할 수 있지 않을까? 이 책은 HR을 알고 싶은 독자들과 현장에서 치열하게 고민하는 HRer에게 실리콘밸리 HR에 대해 좀 더 일관되고 정렬된 방향을 제공하고 싶다는 희망의 산물이다.

지난 9년 동안 실리콘밸리에서 SK hynix 미주 조직의 HR을 맡으면서 한국 기업 경쟁력에 대해 많은 고민이 있었다. 수 많은 기업들이 실리콘밸리에 방문해서 BM(Bench Marking)을 하지만 개별 기업의 제도를 배우는 피상적인 수준에 머무는 경우를 많이 봤다. 미국 캘리포니아에서 잘 자라는 맛있는 오렌지가 한국 서울에서 같은 오렌지가 되지 않듯이 한국 기업 경쟁력은 실리콘밸리 기업을 그대로 베끼면서 생기지 않을 것이다. 다만 오렌지를 잘 자라게 했던 여러 방법들을 잘 이해하면 다른 과일을 키울 때 유용한 지식이 될 것이다. 이 점이 실리콘밸리에서 내가 만난 HR의 모습이고 이 책을 관통하는 주제이다.

본문은 총 4부와 20개의 HR 이야기로 구성되어 있다. 1부는 실리콘밸리 기업문화에 초점이 맞춰져 있고, 2부는 HR 변화가 왜 필요한지, 그리고 어떻게 변화할 것인지를 다룬다. 3부는 HR 변화를 실제 현장에서 적용하는 실행 방법을 탐색하고, 마지막 4부는 휴머노크라시(게리 해멀과 미셸 자니니의 저서) 사상을 소개하고 코로나19 팬데믹이 가져온 새로운 일의 미래에 대해서 전망한다. 그리고 각 부의 마지막에 '실리콘밸리 Inside'라는 코너 속의 코너를 통해 실리콘밸리의 좀 더 속 깊은 이야기를 전달하고자 한다. 여기서는 이야기와 연관된 몇몇 실리콘밸리 여행지도 만나게 될 것인데, 미래 실리콘밸리를 방문하는 이들에게 흥미로운 얘깃거리 하나가 있기를 기대해 본다.

1 실리콘밸리 문화에서 HR의 미래를 찾다!

미국 서부 캘리포니아주 실리콘밸리는 구글, 애플, 메타(페이스북) 등
수많은 테크 기업들이 작은 스타트업을 넘어
전 세계 사람들 삶에 영향을 주는 커다란 성공 스토리가 만들어진 곳이다.
또한 IT 혁신의 미래 주인공을 꿈꾸는 수많은 기업이
지금 이 순간에도 탄생하는 곳이다.
이들 기업의 성공에는 어떠한 공통된 요인이 있을까?
1부에서는 실리콘밸리 기업 문화에서 그 해답을 찾고자 한다.

# 1

왜 실리콘밸리가
전 세계 혁신을 주도하나?

"왜 실리콘밸리 기업들이 전 세계 혁신을 주도할까?" 2014년 실리콘밸리로 이주한 이후 가장 많이 받는 질문이고, 동시에 많이 고민했던 주제이다. 우선 이 질문의 핵심인 "왜 Why"를 알아보기 전에 "실리콘밸리 기업들이 혁신을 주도하는가?"라는 전제가 맞는지 살펴보자. 실리콘밸리, 즉 'Bay Area'라고 불리는 미국 캘리포니아주 북쪽 지역은 샌프란시스코(San Francisco)를 비롯해 산호세(San Jose), 마운틴뷰(Mountain View), 팰로알토(Palo Alto), 서니베일(Sunnyvale) 등등 여러 도시를 지칭하는 지역적 개념이다[1]. 동시에 이 지역에 본사를 두고 있는 구글, 애

[1] 실리콘밸리(Silicon Valley)라는 단어는 1971년 1월 10일 「Electronic News」라는 신문에 처음 등장했다. 돈 호플러(Don Hoefler)라는 저널리스트가 반도체 역사를 설명하는 3회 시리즈를 게재했는데, 그 시리즈의 타이틀이 "Silicon Valley, U.S.A."였다. 지역적 의미의 실리콘밸리는 남부 샌프란시스코만 지역(South San Francisco Bay Area)으로 정의된다. 더 정확히는 샌마테오(San Mateo) 카운티와 산타클라라(Santa Clara) 카운티의 전 지역, 그리고 알라메다(Alameda) 카운티의 서쪽 경계 지역, 산타크루즈(Santa Cruz) 카운티의 스콧 밸리

플, 페이스북(메타), 엔비디아, 우버, 넷플릭스 등등의 기업, 특히 테크 기업들을 상징하는 표현으로 '실리콘밸리'가 사용되기도 한다.

실리콘밸리가 전 세계 혁신을 주도하는지를 입증하는 방식으로 직관적으로 이 지역에 기반을 둔 기업들이 얼마나 혁신 제품을 세상에 내놓았는지 보면 어떨까? 지난 2019년 비즈니스 전문 잡지인 Inc.com은 지난 '10년간 가장 위대한 혁신 제품(The 10 Greatest Inventions of the Past Decade)'을 선정했다 [2]. 제품 리스트는 아래와 같다.

1. Google Assistant
2. Crispr
3. SpaceX's Reusable Rocket
4. Venmo
5. Nest Thermostat
6. iPad

(Scott Valley) 지역을 의미한다. 따라서 아주 정확한 의미로 샌프란시스코시(the City of San Francisco)는 실리콘밸리에 포함되지 않는다. 하지만 혁신 기업의 중심을 상징하는 의미로 실리콘밸리를 사용하면 샌프란시스코시, 그리고 거기서 출발한 수많은 IT 기업을 포함하는 것이 보편적인 방식이다. 그리고 '베이 지역(Bay Area)'은 실리콘밸리, 샌프란시스코시, 나아가 오클랜드(Oakland)까지 포함하는 가장 큰 지역적 개념이다. 이곳 전체의 인구는 약 8백만 명이고, 크기는 18,040km²이다. 강원도 면적이 16,875 km²이므로 Bay Area는 강원도보다 조금 더 큰 지역을 가리킨다.

[2] https://www.inc.com/kevin-j-ryan/greatest-inventions-decade-2010-2019.html

7. The Self-Driving Car
8. Consumer LED Light Bulb
9. Ring Doorbell
10. Tesla Powerwall

한 번쯤 들어봤을 제품이다. 이 가운데 실리콘밸리 기업이 만든 상품은 몇 개나 될까? 구글 어시스턴트는 이름이 말해주듯이 구글의 핸드폰이나 스마트 스피커를 통해 제공하는 인공지능(AI) 서비스다. 벤모는 2009년 뉴욕에서 시작한 모바일 결제 기반의 핀테크 기업이다. 2012년 실리콘밸리 대표 기업인 페이팔이 인수한 이후 젊은 세대에서 가장 빠르게 성장하는 결제 앱이 되고 있다. 미국 젊은이들 사이에 "Venmo me"이라는 표현이 돈을 송금하라는 의미이다. 네스트 온도조절기(Nest Thermostat)는 애플 엔지니어였던 토니 파델(Tony Fadell)과 매트 로저스(Matt Rogers)가 2010년 실리콘밸리 팔로알토에서 Nest Labs를 창업하면서 출시한 제품이다. 이후 2014년 구글이 Nest Labs를 인수했고, 이후 'Google Nest'란 라인업 아래 다양한 홈오토메이션 제품을 출시하고 있다.

아이패드는 2010년 출시되어 태블릿 PC 시장을 개척한 애플의 혁신 제품이다. 셀프 드라이빙카, 즉 자율주행차는 현재 여러 기업이 이 시장 선점을 위한 기술 개발에 노력 중이다. 구글, 애플뿐만 아니라 우버와 리프트와 같이 차량 공유 업체도 운전자 없는 택시(Driverless Cabs)를 통한 운송 혁신을 준비하고 있다. 전기차 업체 테슬라는 2003년 실리콘밸리의 샌카를로스(San Carlos)에 설립되었고, 2021년까지는 팰로알토에 본사를 두었다. 이후 텍사스주 오스틴으로 본사를 옮겼지만, 여전히 실리콘밸리에 2만 명의 직원이 테슬라 전기차의 R&D, 생산 기능을 맡고 있다[3]. 특히 실리콘밸리 프리몬트(Fremont) 공장에서는 연간 60만대의 Model S, Model X, Model 3, 그리고 2020년부터는 Model Y를 생산하고 있다.

Inc.com이 선정한 지난 10년간 가장 위대한 혁신 제품 가운데 실리콘밸리 기업이 직접적으로 이바지한 제품이 6개이다. 세상을 깜짝 놀라게 하고 사람의 삶에 막대한 영향을 준 제품의 60%가 실리콘밸리에서 창출되었다면, 이 지역 기업이 전 세계 혁신을 주도한다는 주장을 부인하기는 힘들지 않을까? 그럼, 정말로 중요한 질문인 "왜 Why 실리콘밸리인지?"에 대한 답을 찾아보자. 2016년 HR(Human Resource) 전문 잡지인 『월간 인사관리』에 '미국 실리콘밸리의 기업문화 DNA: 심리적 안전, 다양성, 긍정적 기대'라는 제목의 글을 통해 그 답에 접근하고자 했다(다음에 소

---

[3] 2023년 2월 22일 일론 머스크 테슬라 CEO는 캘리포니아주 개빈 뉴섬 캘리포니아 주지사와 만나 "팔로알토(Palo Alto)에 있는 옛 HP 본사에 테슬라의 글로벌 엔지니어링 본사가 들어설 것"이라고 발표했다. 나아가 "테슬라는 캘리포니아와 텍사스 회사"라고 선언했다. 이후 일부 미국 언론은 머스크 CEO의 변덕으로 분석하기도 했지만, 대부분 언론은 실리콘밸리 지역에 있는 최고 기술 인재를 유치하기 위한 당연한 결정으로 해석했다. 그리고 테슬라는 2021년 텍사스주 오스틴으로 본사 이동을 발표했지만 주요 엔지니어링 기능은 실리콘밸리에 그대로 두면서 기술 개발을 지속해왔다.

개될 1부 두 번째 이야기 전문 참조). 두려움 없이 자기 생각과 의견을 표현할 수 있는 분위기, 그 분위기 속에서 느끼는 심리적 안전감은 실리콘밸리가 혁신을 만들어내는 핵심 이유이다. 주변, 특히 상사의 눈치를 보면서 자기 생각을 바로바로 전달하지 못하는 조직은 관료주의의 전형이다. 절대 창의성과 혁신이 발생할 수 없는 토양이다. 다양성도 실리콘밸리 기업이 매우 중요하게 생각하는 가치이며, 혁신에 매우 중요한 기반으로 작동하는 경영 이념이다. 과거 다양성을 사회적으로 바람직한 기업의 의무 정도로 인식했지만, 최근에는 기업 생존과 경쟁력에 반드시 확보되어야 할 가치로 부상하고 있다.

끝으로 긍정적 기대는 심리학에서 많은 연구가 진행된 피그말리온 효과(Pygmalion Effect)로 설명된다. 이는 자기 이행적 예언(Self-Fulfilling Prophecy)이라고도 표현되는데, 다른 사람에 대해 기대하거나 예측하는 바가 그대로 실현되는 현상을 설명할 때 쓰인다. 특히 학교에서 교사가 학생에게 성적이 오를 것이라는 긍정적인 기대를 하고 이를 표현하면 학생은 이에 부응하기 위해 행동을 하게 되고 실제로 성적이 오르게 될 때 피그말리온 효과가 나타났다고 말한다. 실리콘밸리 기업들은 특히 "자율"을 강조하는데, 그만큼 개인행동에 대한 신뢰가 높다는 의미이다. 그리고 이러한 신뢰에는 긍정적 기대가 긍정적 행동으로 이어질 것이라는 피그말리온 효과의 핵심 사상이 자리하고 있다.

몇 년 전에 피그말리온 효과를 잘 보여주는 TV 광고를 본 적이 있다[4].

유튜브에서 'Self-Fulfilling Prophecy in Cadillac Advertisement' 제목으로 검색하면 영상을 볼 수 있다. 미국 캐딜락 차 광고인데, 코믹하고 이해하기 쉽게 피그말리온 효과를 보여주어서 가끔 외부 강의를 하게 되면 이 영상을 공유했는데 좋은 반응을 받았다. 이 광고 속의 스스로 매력적이지 않다고 생각하는 남자는 멋진 새 옷을 입고 본인을 바라보는 여성들의 시선을 느끼면서 점점 자신감을 찾아간다. 물론 여성들이 바라본 것은 이 남자도, 이 남자의 새 옷도 아닌 뒤에서 지나가는 빨간 캐딜락으로 광고는 코믹한 상황을 연출한다. 하지만 이 남자는 여성들이 자기를 바라보는 시선(물론 착각이지만)만으로도 자기 행동을 긍정적으로 변화시킨 것이다. 세련된 HR과 기업문화는 조직 구성원이 이러한 긍정적 기대를 받고 있다고 느끼게 만드는 것이 아닐까 한다.

https://youtu.be/Wo4l4jNkTWg ④

실리콘밸리의 기업문화 DNA: 심리적 안전, 다양성, 그리고 긍정적 기대

지난 8월 1일 기준으로 미국 뉴욕증시에서 시가총액 톱 5기업은 애플, 알파벳(구글), 마이크로소프트(MS), 아마존, 페이스북 등 모두 IT 기업으로 채워졌다[1]. 이 가운데 애플, 구글, 페이스북은 미국 서부 실리콘밸리의 대표적인 기업이고, MS와 아마존도 서부의 시애틀에 있다. 매년 미국 경영전문 잡지인 「포춘」이 발표하는 500대 기업의 2015년 발표를 보면 실리콘밸리 지역(현지에서 "Bay Area"로도 불림)에서 포춘 500에 들어간 기업은 31개로 전체 캘리포니아의 53개 기업의 절반을 크게 넘었다[2]. 이

[1] 원고가 발표된 시점은 2016년 기준이다. 7년이 지난 2023년 12월 기준으로 미국 시가총액 기업 순위는 애플, 마이크로소프트, 알파벳(구글), 아마존, 엔비디아, 메타, 테슬라 순서이다. 2016년 당시 5위였던 페이스북(메타)의 순위가 하락했고, 2016년에는 순위권에 존재하지 않았던 엔비디아와 테슬라의 약진이 눈에 띈다.

[2] 2022년 「포춘」 500 발표에서 캘리포니아에 본사를 둔 기업은 50개였다. 이 가운데 실리콘밸리 지역에 본사가 위치한 기업은 35개로 나타났다.

실리콘밸리 문화에서 HR의 미래를 찾다!

러한 숫자가 현재 미국 경제의 주축이 된 실리콘밸리의 위상을 보여준다면, 더욱 놀라운 점은 실리콘밸리에서는 수많은 스타트업(Start-up)이 또 다른 구글과 페이스북을 꿈꾸며 기술 혁신과 창업 신화를 만들고 있다는 것이다. 스타트업 투자 플랫폼인 엔젤리스트(AngelList)에 따르면 현재 실리콘밸리 내에는 23,000개의 스타트업이 활동하고 있으며, 이들 기업에 투자하려고 전 세계의 자금이 몰려드는 상황이다[3].

지난 8월 8일 미국 워싱턴포스트에 따르면 2016년 상반기까지 중국에서만 실리콘밸리로 흘러 들어간 누적 투자금액은 60억 달러에 이르며, 2015년 중국의 벤처 투자가들은 2년 전에 비해 세 배 이상 많은 142건을 실리콘밸리의 스타트업에 투자하였다. 당연히 전 세계의 수많은 인재가 모여들고 있어, 기업 활동의 핵심인 인력과 자금이 가장 풍족한 지역이라 하겠다. 물론 일부 경제 분석가는 현재 실리콘밸리 기업에 대한 투자와 관심에 대해서 2002년 닷컴 버블을 연상시킨다고 주장하지만, 여전히 이들 기업은 혁신을 기반으로 전자, 의류, 금융, 자동차 등 거의 모든 산업 영역의 경계를 파괴하는 소위 '테크 쇼크(TechShock)'를 이어가고 있다. 이에 많은 학자나 경제 전문가들, 혹은 실리콘밸리에서 실제 근무한 사람들이 논문, 기사, 책 등을 통해서 실리콘밸리 기업이 가지고 있는 성공 DNA, 특히 인재 혁신과 창의를 만들어내는 기업문화에 대해서

---

[3] demandsage.com에 따르면 2023년 기준으로 미국 내에 약 72,560개의 스타트업이 있다. 이 가운데 실리콘밸리에 있는 스타트업의 수는 약 4만 개 정도로 추산된다.

뛰어난 분석과 통찰을 전달하고 있다. 본 기고에서는 실리콘밸리 기업문화와 인사제도의 특징을 세 가지 조직행동 이론 측면에서 접근하고자 한다.

심리적 안전에 기반한 위험 감수(risk-taking) 장려

심리적 안전(Psychological Safety)은 하버드 경영대학의 에이미 에드먼슨(Amy Edmondson) 교수가 1999년 「Psychological Safety and Learning Behavior in Work Teams」라는 논문을 경영 전문저널인 「Administrative Science Quarterly」에 발표하여 알려진 개념이다. 에드먼슨 교수가 정의한 심리적 안전이란 "우리 팀은 자기 목소리를 내는 사람을 창피 주거나, 거부하=거나, 혹은 처벌하지 않을 것이라는 신념(a sense of confidence that the team will not embarrass, reject, or punish someone for speaking up)"이다. 그리고 이러한 개별 구성원의 신념이 모이면 우리 팀은 위험을 채택해도 안전하다는 집단적 믿음이 생기게 된다. 실리콘밸리 기업문화의 가장 큰 특징이 바로 심리적 안전에 기반하여 실패를 두려워하지 않게 만드는 데 있다.

실리콘밸리 기업 가운데 심리적 안전을 기업문화의 핵심으로 자리 잡게 한 대표적 기업은 구글이다. 2015년 11월 구글은 기업 생산성을 연구하는 자사 블로그 re:Work를 통해 "성공적인 구글팀의 다섯 가지 요소(The five keys to a successful Google team)"를 발표하였다. 이는 구글 HR 조직인 People Operations가 지난 2년간 구글 직원 200명,

180개 팀 이상을 대상으로 인터뷰를 진행해서 얻은 결과였는데, 다섯 가지 요인 가운데 가장 핵심이 심리적 안전이다. 구체적으로 살펴보면, 심리적 안전에 기반하여 팀 구성원이 부담 없이 위험을 감수할 수 있으면 두 번째 특징인 구글이 요구하는 높은 수준의 업무 완성을 제시간에 마무리할 수 있게 서로에게 의존하게 된다.

그 다음 팀 구성원 모두가 명확하게 자신의 역할과 업무 계획, 최종 목표를 공유하게 되고, 나아가 팀 구성원 서로가 지금 하는 일이 어떤 개인적인 의미를 갖고 있는 지 알 수 있다. 끝으로 성공적인 팀의 특징은 지금 하는 일이 어떻게 사회에 영향을 주고 나아가 세상을 변화시킨다는 것을 믿는 것이다. 이미 많이 알려진 구글의 '20% 룰(Rule)'은 엔지니어가 근무시간의 20%를 현재 맡고 있는 일과 상관없는 일이나 하고 싶은 일을 하게끔 허용하는 제도이다. 이러한 제도가 실행되어 효과가 나오는 근본 배경에는 실패가 두렵지 않고 우리 팀이 나를 지지해준다는 심리적 안전이 있기 때문이다.

1. 심리적 안전감 (Psychological Safety)
팀 구성원들이 안전감을 느껴 위험을 감수하고, 서로에게 솔직하게 대한다

2. 의존성 (Dependability)
팀 구성원들이 예정된 시간에 일을 완수하고 탁월함을 추구하는 구글의 높은 기준을 맞춘다

3. 구조와 명확성 (Structure & Clarity)
팀 구성원들은 명확한 역할, 계획, 그리고 목표를 가지고 있다

4. 의미추구 (Meaning)
일은 팀 구성원들에게 개인적으로도 중요하다

5. 영향력 (Impact)
팀 구성원들은 자신들이 맡은 일이 중요하고 변화를 만들어낸다고 생각한다

출처 : The five keys to a successful Google team, https://rework.withgoogle.com/blog/five-keys-to-a-successful-google-team/

다양성(Diversity) 확보를 통한 혁신 유도

실리콘밸리 기업에 있어 인재의 다양성은 매우 중요한 가치이다. 미국 인구통계국 자료에 따르면 실리콘밸리 경제활동인구의 45%가

미국 바깥에서 태어났으며, 실리콘밸리 내 석사학위자는 약 35%가, IT 기업에서 일하는 직원의 13%는 이민자 출신이다. 미국 내 IT 스타트업의 28%를 이민자가 설립했다는 통계도 있다. 당연히 실리콘밸리 기업은 이민자를 늘리고 기업 내 인재의 다양성을 높이려고 노력한다. 이를 잘 보여주는 사건이 미국 정치권에 이민법 개정을 요구하는 정치적 로비 활동이다. 특히 고숙련 기술 노동자에 대해 발급되는 H1-B 비자 확대를 요구하는데, 2013년에 마크 저커버그 페이스북 CEO, 마리사 마이어 야후 CEO, 에릭 슈미트 구글 회장, 리드 해이스팅스 넷플릭스 CEO 등이 주축이 되어 창설된 '포워드어스(FWD.us)'는 이민법 개혁을 추진하는 대표적인 단체이다.

실리콘밸리 기업이 인종, 성, 국가 출신 등의 다양성 확보에 매진하는 이유는 혁신 문화의 기반에 다양성이 존재하기 때문이다. 즉, 다양성을 법적이나 사회적 책임 영역이 아닌 바로 기업 경쟁력의 핵심으로 보고 이를 확보하기 위해 매진한다. 학문적으로도 다양성이 혁신을 이끈다는 연구는 이미 많은 실증적인 지지를 받고 있다. 최근 「하버드 비즈니스 리뷰」는 'How Diversity Can Drive Innovation(2013)'이라는 원고를 통해 다양성이 어떻게 혁신을 이끌고 기업 성과를 올리는지를 소개했다. 연구 결과에 따르면 다양성이 높은 기업의 주식 가치가 전년도 대비 올라갈 확률이 45%였으며, 새로운 시장을 개척할 가능성은 70%로 나타났다. 즉, 다양성은 혁신을 이끌고 혁신은 기업 성과로 이어짐을 보여준 것이다.

당연히 실리콘밸리 기업은 다양성이 높은 기업문화를 만들고 이를 위한 제도를 실행한다. 최근 미국 인터넷 동영상 스트리밍 서비스 업체인 넷플릭스가 여성이 직장을 포기하는 가장 큰 이유인 육아 문제를 해결하고자 1년 동안 급여와 복리후생을 유지해주는 파격적인 육아 휴직 제도를 도입하였다. 또한 직원이 원하면 근무와 휴직을 번갈아 할 수 있게 HR 제도를 변경하였다. 이러한 제도를 고민한 배경에는 바로 다양성이 가져오는 혁신의 혜택이 있기 때문이다.

자기 이행적 예언에 기반한 긍정적 행동 변화

실리콘밸리 기업문화의 특징을 잘 설명하는 핵심 키워드 가운데 '자율'이 있다. 실제 실리콘밸리 기업은 관료주의를 배격하고 직원의 자율을 높이는 데 상당한 노력을 기울인다. 이를 나타내는 대표적인 HR 제도가 자율 근무와 무제한 휴가제도이다. '플렉서블 워킹 스케줄(Flexible Working Schedule)'로 표현되는 자율 근무제도는 실리콘밸리에서는 보편적인 제도로 정착되어 있다. 즉 해당 업무가 허용하면 직원이 언제 어디서 근무하는지를 회사가 제도로 규제하려 하지 않는다. 무제한 휴가제도는 과거 1년에 며칠을 유급 휴가 일수로 정한 것과 달리 직원이 얼마나 휴가를 가는지에 대해서 한도를 정하지 않는 것이다. 이 제도는 실리콘밸리 내에서도 여전히 논란이 많지만, 점점 이를 도입하는 회사가 증가하는 추세이다. 넷플릭스는 이미 2004년에 무제한 휴가제도를 도입하였고, 최근 MS로 인수된 채용 전문 소셜네트워크서비스 업체인 링크드인(LinkedIn)도 2015년에 무제한 휴가 제도 도입을 발표하였다.

실리콘밸리 기업이 직원의 자율성을 높이는 방향으로 파격적인 HR 제도를 기획하고 도입하는 배경에는 심리학과 조직 행동론에서는 증명된 자기 이행적 예언(Self-Fulfilling Prophecy)이 자리하고 있다. 이는 '로젠탈 효과', 혹은 '피그말리온 효과'로도 표현되며, 그 핵심은 타인에 대한 긍정적 기대를 하면 그 타인은 기대를 만족시키기 위해 자기 행동을 변화시키고, 나아가 변화된 행동을 강화한다는 데 있다. 즉, 실리콘밸리 기업은 구성원에게 자율을 주어도 이를 남용하지 않고 본인에게 주어진 성과를 달성할 것이라는 기대와 믿음을 HR 제도로 세련되게 표현하고 있다. 그리고 긍정적 기대를 경험한 구성원은 이를 만족시키기 위해 더 높은 성과로 이바지하는 선순환을 만든 것이다.

제도 자체가 아니라 핵심 가치와 토양을 만들어야!

최근 들어 실리콘밸리에서 들려오는 혁신과 성공 사례에 관한 관심이 부쩍 늘고 있다. 이는 기존 비즈니스 생태계를 파괴하는 실리콘밸리 기업 특히 스타트업에 필요한 자금과 인적 네트워크가 집중된 최적의 기업 환경에 대한 두려움과 부러움의 표현이다. 그럼, 실리콘밸리의 창의와 혁신의 기업문화는 어떻게 만들 수 있을까? 하나의 정답은 없지만 분명한 점은 피상적인 제도 모방에는 답이 없다는 사실이다. 따라서 "실리콘밸리 기업과 같이 뭐를 도입했다, 뭐를 폐지했다." 등등의 소식을 접할 때면 본말이 전도된 것 같아 많이 안타깝다.

진짜 중요한 본질은 제도의 유무가 아니라 이를 통해 달성하고자 하는 핵심 가치와 제도가 구현될 수 있는 토양이다. 가령 구글의 20%룰을 도입하여 직원들에게 20%는 업무와 관련 없는 일을 하라고 강제하여도 심리적 안전이 전제되어 있지 않으면 효과는 매우 제한될 수밖에 없다. 또한 핵심 가치가 실현되는 제도는 다양한 모습으로 나타날 수 있음을 명심해야 한다. 넷플릭스가 채택한 무제한 휴가제도가 구성원의 자율성을 높이고 신뢰를 표현하는 유일한 방법이 아니듯이, HR 담당자는 사업의 본질과 구성원에 대한 이해, 그리고 제도가 자리하는 법적, 사회적 환경을 고려하여 최적의 답을 선택하는 전략적 판단을 해야 한다.

범인은 기업문화가 아니다!

2016년 4월 「하버드 비즈니스 리뷰」에 'Culture is not the culprit'란 제목의 아티클이 실렸다[1]. '문화는 범인이 아니다'라고 번역되는 원고는 기업문화를 대하는 잘못된 접근을 냉철하게 비판한다. 우리는 성공한 기업을 보면 막연하게 "기업문화가 훌륭하다"라고 평가하고, 실패한 기업 사례를 보면 "기업문화가 형편없다"라고 지적하는 경향이 있다. 기업문화에 대한 쉬운 이해는 '여기서 일이 진행되는 방식'인데, 개별 기업마다 각각의 특징을 가진 일하는 방식은 분명히 존재한다. 하지만 이를 만드는 데는 상당한 노력과 시간이 필요하다. 따라서 기업문화를 기업경영 성공과 실패의 주요 원인처럼 다루는 접근은 명확한 설명이나 해결책을 찾지 못하고 모호한 결론만을 남기게 된다.

https://hbr.org/2016/04/culture-is-not-the-culprit [1]

기업문화에 대한 막연한 접근은 마치 웬만한 병의 원인을 '스트레스'로 지적하는 것과 다르지 않다. 아픈 사람에게 "스트레스를 줄이세요"라고 진단하는 것과 경영자에게 "좋은 기업문화가 중요합니다"라고 조언하는 것은 실제 의미 있는 변화를 가져오기 어렵다. 정말로 필요한 것은 스트레스를 유발하는 원인을 찾아서 이를 제거해야 하는 것이고, 기업문화를 망치는 요소를 분석해서 이를 바꾸어야 한다. 그리고 이 두 과정은 모두 오랜 시간을 거친 지난한 노력이 뒤따라야만 가능하다. 여기서 오랜 시간은 상대적인 개념이지만 최소한 4~5년은 한 방향으로 꾸준한 전개가 요구된다.

국내 기업에서 새로운 CEO가 부임하면 거의 새로운 기업문화를 표방하고 멋진 슬로건을 만들어 싹 다 갈아엎곤 한다. 이에 따라 화장실에 붙어 있는 표어도 순식간에 바뀌게 된다. 그리고 기존 기업문화는 전임 CEO의 잔재처럼 대해지고 HR 부서는 앞장서서 바로 몇 달 전까지 강조했던 행동강령을 애써 무시하곤 한다. 한번은 한국 출장을 갔는데 '죽기 살기로 달성'이라는 무시무시한 표어가 이곳저곳에서 보였다. 하지만 얼마 되지 않아 그런 표어는 언제 그랬냐는 듯이 싹 사라지고 기억 상실에 걸린 듯 아무도 언급하지 않는 모습은 참 씁쓸한 경험이었다.

왜 이런 일이 반복적으로 일어날까? 한 가지 이유는 우리 기업의 임원, 특히 CEO 교체 주기가 지나치게 짧다는 점에 있다. 2020년 기업평가 사이트 CEO스코어가 국내 500대 기업 중 347개 기업의 2010년 이후 전/현직 대표이사 1,582명의 재임 기간을 조사해서 발표했다[2]. 오너를 제외한 전문경영인 대표이사의 경우 평균 재직기간은 3.6년으로 집계됐고, 오너일가 대표이사의 경우 11.7년으로 전문경영인보다 8.1년 더 길었다. CEO가 3.6년마다 교체되면서 신임 CEO는 본인의 시대가 열렸다는 식으로 새로운 기업문화를 표방하게 되면 다시 한번 그 회사 구성원은 가야 할 곳을 잃어버리는 악순환이 반복되게 된다. 이에 반해서 미국 기업은 CEO 교체 주기가 한국보다 훨씬 길다. 「월스트리트저널」에 따르면 2018년 기준으로 미국 S&P 500 기업 CEO의 평균 재직기간은 10.2년이었다[3].

「하버드 비즈니스 리뷰」는 2019년 'The CEO Life Cycle'이란 아티클을 통해 CEO의 임기가 어느 정도가 적당한지를 살펴보았다[4]. 저자들은 글로벌 서치펌인 스펜서 스튜어트(Spencer Stuart)에서 CEO 프랙티스 전문가들인데, 이들은 S&P 500 기업의 총 747명의 CEO의 임기와 그 기업의 재무적 성과를 살펴보았다. 그 결과 CEO의 성과가 재임 기간

[2] https://www.chosun.com/economy/industry-company/2020/11/11/B2XU4KVIAFCDDNIBYT6K2ENPEQ/

[3] https://www.wsj.com/articles/new-thinking-emerges-on-optimal-tenure-for-a-ceo-11580725800

[4] https://www.spencerstuart.com/-/media/2019/hbr-ceo-lifecycle/hbr_ceo_lifecycle_spencerstuart.pdf

에 따라 5단계의 일반적인 패턴을 가지고 움직인다는 점을 발견했다. 1단계는 1년차로 '허니문(Honey Moon)' 기간이다. 이 기간 CEO들은 투자자, 이사회, 사내 구성원의 전폭적인 지지를 받으면서 사업 실적을 올리게 된다. 2단계는 '소포모어 슬럼프(Sophomore Slump)'로 많은 CEO들이 2년차에 들어서면서 실적이 하락하는 경향을 보인다.

3단계는 대개 3-5년 차로 '회복기(Recovery)'로 불린다. 슬럼프를 이겨낸 CEO들은 이 시기에 매우 열정적으로 일하고 본인 색깔의 조직문화도 자리잡게 되고 이사회와 역동적인 관계 형성도 진행된다. 4단계는 6-10년 차로 '안일한 함정(Complacency Trap)' 기간이다. 일종의 정체기인데 특별히 나쁜 성과가 있지는 않지만 그렇다고 뛰어난 성과도 잘 나오지 않는다. 이 시기에 이사회는 CEO 승계를 가속하던지 외부 압력에서 CEO를 보호할지를 명확하게 결정하고 움직여야 한다. 마지막 5단계는 11-15년 차인데 '황금기(Golden Years)'로 불린다. 4단계의 함정을 극복한 CEO들은 산전수전을 다 겪어서 기업경영에도 두각을 나타내고 주요 이해 관계자를 잘 다루는 역량을 발휘한다.

'The CEO Life Cycle' 연구 이후 「월스트리트저널」을 비롯한 언론은 최적의 CEO 임기를 11~15년이라고 보도했다. 하지만 재임 기간 11년 이상이 CEO의 황금기라는 점은 지극히 사후적인 결론일 수 있다. 냉철하고 험난한 비즈니스 세계에서 가장 책임이 무거운 자리에서 10년 넘게 살아남았다는 것 자체에서 CEO로서 역량을 충분히 입증했기 때문이다. 오히려 이 연구에서 3~5년 기간이 CEO가 본인의 철학을 기업에 자리 잡게 하고 기업문화를 정립하는 시기라는 점에 더 주목해야 한다. 그리고 한국 기업 CEO 평균 재직기간이 4년을 넘지 못한다는 사실은 많은 CEO가 자기 뜻과 의지를 경영에 반영하기 전에 낙마한다는 의미이다. 특히 매년 연말 대규모로 진행되는 한국 기업 임원 인사는 오너의 통제력과 지배구조를 견고하게 한다는 효과는 있겠지만 조직 내 지나친 긴장감을 형성한다는 느낌을 지울 수 없다. CEO도 사람이고 임원도 사람이다. 이들은 2년 차에 삐걱하더라도 다시 도약할 기회가 필요하다. 그래야 회사의 기업문화도 자기 색깔을 찾아갈 수 있다.

4

실리콘밸리의 뜨거운 주제,
직원 경험(Employee Experience)[1]

지난 2015년 7월 경영 잡지 「포브스(Forbes)」는 'Airbnb CHRO Becomes Chief Employee Experience Officer'라는 제목의 기사를 실었다[2]. 실리콘밸리에 위치한 숙박 공유 플랫폼 기업 에어비앤비에서 HR을 책임지는 CHRO라는 직책이 'Chief Employee Experience Officer'로 바뀌었다는 소식은 당시만 하더라도 꽤나 충격적이고 신선한 뉴스였다. 이에 여러 언론에서 이 소식을 전했고 새로운 트렌드로 '직원 경험(Employee Experience, 미국 기업은 "EX"로 표현)에 대해서 앞다퉈 소개하기도 했다. 이후 직원 경험은 HR 트렌드 예측에 빠지지 않고 등장하는 주요 개념으로 부각되었고, 기업 현장에서도 HR의 새로운 패러

[1] 이 글은 2021년 4월 「월간 인재경영」에 '왜 미국 기업은 직원 경험(Employee Experience)에 열광할까?'라는 제목으로 실렸다.

[2] https://www.forbes.com/sites/jeannemeister/2015/07/21/the-future-of-work-airbnb-chro-becomes-chief-employee-experinece-officer/

다임 변화로 직원 경험을 이해하고 수용하려는 노력이 급격히 늘어났다.

미국 기업에서 직원 경험이 얼마나 보편적인 언어로 자리잡고 있는지는 링크드인(LinkedIn)에서 "Employee Experience"란 키워드로 현재 채용 중인 Job을 검색하면 쉽게 알 수 있다. 저자가 원고를 쓰는 2021년 3월 15일 기준, 링크드인에서 미국 내 "Employee Experience"와 연관된 직무는 무려 205,840개가 나온다. 이제는 많은 미국 기업이 2015년도 에어비앤비와 같이 직무 타이틀에 Employee Experience를 사용하고 있는 것이다.

미국 경제 장기 호황과 인재 전쟁

그럼 5~6년 전만해도 다소 생소했던 직원 경험이 어떻게 미국 기업 HR의 핵심 주제로 부각되었을까? 직원 경험이 부각된 배경에는 미국 경제의 호황과 이로 인한 실업률 하락, 그리고 실리콘밸리를 중심으로 기업 간 인재 쟁탈 경쟁이 자리하고 있다. 2020년 6월 전미경제연구소(NBER, National Bureau of Economic Research)는 미국 경제가 2020년 2월에 장기간의 경기확장 국면을 마감하게 되었다고 발표했다. 코로나19 여파로 급작스럽게 미국 경제는 침체로 돌아섰지만 2009년 6월부터 2020년 1월까지 무려 128개월의 최장기간 호황을 누렸다. 이는 NBER이 경기 변동 순환사이클을 측정하기 시작한 1854년 이래 최장기 경기확장으로 기록되었는데, 과거 가장 길었던 미국 경기확장 기록은 1991년~2001년까지로 당시 120개월이었다. 경제 성장은 고용 시장의 활성화로 이어졌고 미국 실업률은 2018년 3월 4%대에 진입한 이후 코로나19의 영향력이 본격적으로 나타나기 직전인 2020년 2월에는 3.5%까지 떨어졌다. 이는 1969년 이후 반세기만의 최저치로 코로나 팬데믹이 발생하기 전까지 미국 경제는 수 많은 일자리가 만들어지고 빠르게 채워지는 전형적인 호황 사이클을 누리고 있었다.

미국 중앙은행인 연방준비제도는 자연 실업률인 4.2% 아래를 완전고용 수준으로 해석한다. 완전고용을 밑도는 수준으로 고용이 탄탄하다는 의미는 강력한 공급자 우위 상태, 즉 고용시장의 수요자인 기업보다는 구직자나 잠재적 이직이 가능한 직원들에게 더욱 힘이 기울어진 상태이다. 특히 전세계 4차 산업혁명과 IT 혁신을 주도하는 실리콘밸리의 실업률은 코로나19 팬데믹이 시작하기 전에는 2%대 초반까지 떨어졌다. 이는 실리콘밸리 기업들이 직원 가치를 얼마나 중요하게 여기는지, 동시에 필요한 인재를 유인하기 위해 얼마나 치열하게 경쟁하는지 쉽게 짐작하게 한다. 그리고 에어비앤비를 비롯해 구글, 페이스북, 넷플릭스 등등의 실리콘밸리 기업의 성공에는 직원 경험, 즉 직원의 긍정적 경험을 통한 인재 확보와 유지가 자리한다는 사실은 더 이상 비밀이 아니다.

Employee Experience의 세 가지 요소: 문화, 기술, 물리적 공간

미래학자이자 베스트셀러인 「The Future of Work」의 저자인 제이콥 모건(Jacob Morgan)은 2017년에 출판한 저서 「The Employee Experience Advantage」에서 직원 경험, EX는 문화(Culture), 기술(Technology), 물리적 공간(Physical Space)의 합으로 구성된다고 주장

했다. 즉 직원 경험은 직원이 즐기는 조직 문화와 직원의 업무를 효율적이고 편리하게 도와주는 기술적 도구들, 끝으로 직원의 창의성과 몰입, 나아가 재충전을 가능하게 하는 물리적 공간이 잘 조화될 때 나타날 수 있다.

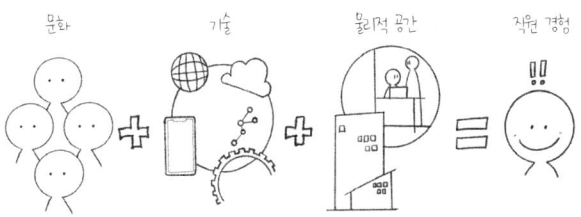

출처 : Jacob Morgan, thefurtureorganization.com

제이콥 모건 이론이 흥미로운 점은 과거에는 기술과 물리적 공간같은 요인은 기업 문화의 하위 요소로 보았지만, 직원 경험 관점에서는 이들이 독립적인 위상을 지닌다고 파악했기 때문이다. 그리고 직원 경험의 물리적 공간 요인을 적용하면 구글 캠퍼스, 애플 파크 등과 같이 실리콘밸리 기업들이 멋지고 차별적인 근무 환경을 만드는 이유도 쉽게 이해될 수 있다. 나아가 실리콘밸리에서는 유명한 일급 요리사가 만드는 무료 식사, 헤어 서비스, 드라이 크리닝, 세차 서비스, 스파 치료, 자전거 수리소, Nap Pods(수면 기구) 등등 수 많은 복지 프로그램이 직장 내에서 제공되었다. 이 역시도 직원 경험 관점에 매우 충실한 접근이다.

포스트 코로나 시대의 Employee Experience

하지만 2020년 코로나19 팬데믹 확산은 직원 경험에 대한 기존 접근 방식을 크게 흔드는 계기가 되었다. 가장 큰 변화는 적극적으로 채택된 재택근무 정책으로 사람들이 더 이상 세련되고 멋진 직장에서 일할 수 없게 되었다는 점이다. 실리콘밸리의 애플과 구글은 각각 2021년 6월 30일까지 재택근무를 연장한다고 발표했고, 페이스북도 2021년 7월까지 재택근무 연장을 진행하기로 결정했다[3]. 나아가 트위터, 스퀘어, 캐피털 원과 같은 기업은 코로나19가 끝나도 재택근무 정책을 계속 유지하겠다고 밝힌 바 있다. 최근 시장조사 및 리서치 기업인 가트너(Gartner)가 발표한 'Future of Work Trends Post-COVID-19' 보고서에 따르면, 팬데믹 이후에도 약 48%의 기업 직원은 어느 정도 시간은 원격근무를 지속할 것으로 전망했다.

동시에 포스트 코로나 시대에는 많은 기업이 사무실 근무와 재택근무를 병행하는 방식인 하이브리드 근무 형태를 도입할 것으로 예상된다. 2020년 9월 구글의 순다르 피차이 CEO는 「타임(Time)」지와의 인터뷰에서 직원들에게 더 나은 환경을 제공하기 위해 하이브리드 근무 방식을 진행할 예정이라고 밝힌 바 있다. 동시에 피차이 CEO는 "어려운 문제를 해결하거나 새로운 것을 창조할 때, 직접 만나서 일하며 소속감을 느끼

[3] 2021년 하반기 델타 및 오미크론과 같은 코로나19 변이가 이어지면서 실리콘밸리 테크 기업들의 재택근무 정책은 연장되었다. 애플은 2022년 4월에 주 2일 사무실 출근을 실행했고, 2022년 9월에는 주 3일 출근으로 재택과 사무실 근무를 혼합한 하이브리드 근무 정책을 도입했다. 구글도 애플과 유사하게 2022년 4월부터 일주일에 최소 3일 사무실로 출근하도록 하는 하이브리드 근무 형식을 도입했다. 반면 2022년 9월 기준으로 메타(과거, 페이스북)는 사무실 근무를 강제하지 않고 재택근무에 대해서 좀더 관대한 입장을 유지하고 있다.

는 것이 중요하다"고 강조하면서 "구글은 미래에도 100% 원격근무를 고려하지 않는다"고 밝혔다. 이와 유사하게 마이크로소프트도 지난해 10월 코로나19 사태가 끝난 뒤에도 직원들이 근무 시간의 절반 정도는 재택근무를 하도록 허용한다고 발표했다. 즉 하이브리드 근무 모델을 도입하여 직원들에게 더 많은 유연성을 주겠다고 결정한 것이다. 이러한 변화는 제이콥 모건이 주장한 물리적 공간이 직원 경험에 기여하는 방식에 대한 재검토를 요구할 것으로 예상된다. 특히 가상 공간에서 직원 경험에 대한 논의가 본격화 될 것이다.

Employee Experience와 Employee Engagement

직원 경험(EX)이란 개념이 등장했을 때 HR 사회에서 가장 많이 나왔던 질문은 "EX가 직원 몰입(Employee Engagement)과 어떤 차이가 있는지?"였다. 한 가지 관점은 조직 내 사람의 동기(Motivation)와 성과(Performance)를 설명하는 핵심 개념이 'Engagement(몰입)'에서 'Experience(경험)'로 전환되고 있다는 주장이다. 20세기 초반에는 테일러리즘(Taylorism)을 기반으로 기계와 같이 사람의 효율(Efficiency)을 높일 수 있다고 생각했고, 이후 인간관계론이 등장하게 되면서 사기(Morale)와 만족(Satisfaction)을 통한 동기 이론이 등장했다. 1960~70년대는 헌신(Commitment)이 유행했고, 최근 20년 동안은 몰입(Engagement)이 HR에서 주로 사용되는 용어였다. 이러한 관점에서는 EX는 직원 몰입을 포괄하는 더 큰 개념으로, 몰입은 특정 시점의 상태를 의미하지만 EX는 직원의 조직 내 생애 주기(지원부터 퇴사까지)에 걸친 지각(Perception)의 합으로 보다 장기적이고 전략적인 접근으로 바라본다. 따라서 직원 몰입보다는 직원 경험이 더 적합하다는 입장이다.

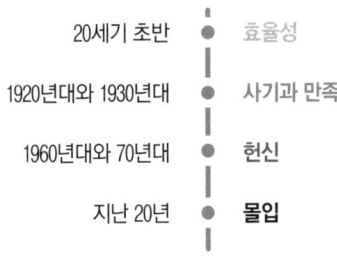

한편 직원 경험과 직원 몰입을 조직에서 별도로 작동하는 다른 구성 개념으로 다루어야 한다는 시각도 존재한다. HR 관련 리서치 보고서를 발표하는 IBM Smarter Workforce Institute는 2017년 "The Employee Experience Index"를 통해서 직원 경험과 직원 몰입이 다르게 작동할 수 있다고 제안했다. 아래 그림에서 보듯이 직원 경험이 높지만 직원 몰입은 낮은 상태를 'Contented(만족하고 있는)'로 표현한다. 이 경우 이직 우려는 낮지만 원하는 성과가 나오지는 않는 상태이다. 반면 직원 경험은 낮지만 직원 몰입이 높으면 'Frustrated(좌절감을 느끼는)' 상태가 되는데, 이런 경우는 현재 일 처리는 뛰어나지만 언제든지 회사를 나갈 확률이 높다. 대개는 직원 몰입과 직원 경험이 같이 움직이는데 둘 다 높은 상태는 '열정적(Passionate)'이 되는데 바로 이 존(Zone)이 모두가 지향하는 방향이다.

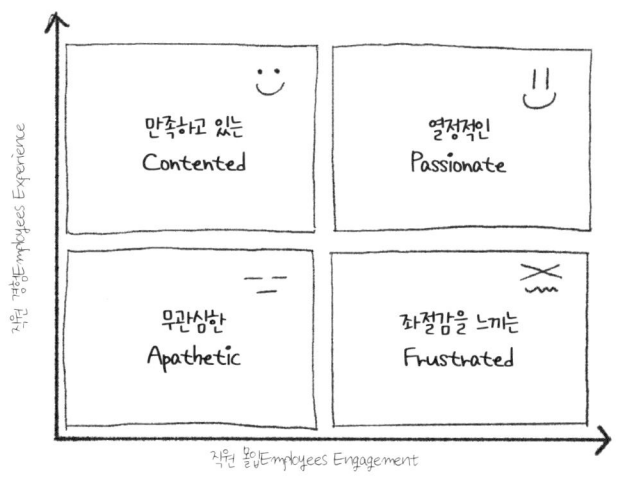

출처 : The Employee Experience Index, IBM Smarter Workforce Institute, 2017

HR의 과제

미국에서 지난 몇 년 동안 직원 경험이 HR의 핵심 주제로 다뤄지고 실리콘밸리 기업을 중심으로 직원 경험에 대한 적극적인 관심과 도입이 진행되어 왔다. 안타깝게도 코로나19 팬데믹의 영향으로 이러한 노력이 다소 주춤하기도 했지만, 결국 경기는 회복될 것이고 기업은 인재 확보와 유지에 다시 전력을 기울이게 될 것이다. 다만 포스트 코로나 시대에 맞게 직원 경험을 높이는 방식에 대해서는 재검토가 필요하다. 가령 신입 직원이 첫날 경험하는 모습이 이제는 크게 다를 것이다. 예전에는 출근 첫날 HR과 대면으로 신규채용 오리엔테이션(new hire orientation)을 하고, 새로운 팀원과 만나서 인사를 했다. 신입 직원 자리에는 꽃이나 케익과 같은 환영 선물이 있기도 했고, 대개는 팀원과 함께 환영하는 점심 자리가 이어졌다. 하지만 원격근무나 하이브리드 근무가 확대되면 이런 경험이 가상 공간을 기반으로 설계되고 운영되어야 한다. 따라서 HR은 가상공간에서 어떻게 경쟁력 있는 직원 경험을 제공할 지에 대해서 창의적인 방법을 고민해야 한다.

한편 미국 기업에서 직원 경험이 부각된 이유와 맥락을 고려해야 한다. 앞서 설명한 바와 같이 미국은 코로나19 전까지 10년이 넘는 경기 호황이 지속되었고, 4차 산업혁명 시대에서 기업은 필요한 인재가 부족한 스킬 갭(skill gap)이 점점 커지는 상황이다. 또한 역사적인 최저 실업률로 인해서 고용 시장이 극단적으로 활성화되었고, 이는 인재 확보와 유지를 단순히 경영의 플러스 요인이 아니라 기업이 시장에 남을지 혹은 사라질지를 결정하는 매우 중대한 경영 변수로 부각시켰다. 따라서 미국 기업이 직원 경험에 열광하는 현상은 지극히 자연스럽다. 그렇다고 직원 경험을 미국 기업에 한정하여 우리 현실과 맞지 않는 잠시 유행에 불과한 경영 기법으로 보는 것은 매우 안이한 생각이며, 이는 경쟁에서 도태되는 결과를 만들 수 있다. HR은 적극적으로 직원 경험을 고민하고 어떻게 긍정적인 경험을 만들어서 조직 경쟁력을 높일 지를 고민해야 한다. 다만 선진 기업들이 제공하는 여러 복리후생 프로그램을 도입하는 방식으로 직원 경험에 접근할 경우 반짝 효과로 그치면서 결국 실패할 확률이 높다. 직원 경험은 기업 내 일상 생활에서 느끼는 긍정적이고 차별적인 경험, 나아가 조직 내 생애 주기에 걸친 장기적 경험의 축적이라는 점을 직시해야 한다.

리텐션(Retention)이 핵심 경쟁력이다!

영어 단어 Hop은 '깡충깡충 뛰다'이며 Hopper는 '깡충깡충 뛰는 사람'을 의미한다. 따라서 잡호퍼(Job-Hopper)는 직장을 자주 옮겨다니는 사람을 가르킨다. 유사하게 잡점퍼(Job-Jumper)란 표현도 많이 쓰이는데 잡호퍼와 같은 의미이다. HR 뉴스 및 트렌드를 전하는 TLNT.com는 2015년 "어떻게 당신 회사의 잡호퍼들이 다시 직장을 바꾸지 않게 할 수 있을까(How to Keep Your Job Hoppers From Hopping Again)"라는 기사를 게재했는데 [1], 글과 함께 직장인 모습의 캥거루가 뛰는 이미지 사진이 실렸다. 기본적으로 기업은 잡호퍼들을 줄이고 싶어하고 이들의 채용을 꺼린다. 하지만 잡호핑(Job-Hopping)은 고용과 해고가 상대적으로 자유로운 미국에서 자주 목격되는 현상이고 더욱 확대되는 추세이다. 그리고 잡호퍼들이 가장 많은 지역이 바로 실리콘밸리다.

https://www.tlnt.com/how-to-keep-your-job-hoppers-from-hopping-again/ [1]

잡호퍼의 이미지
출처 : TLNT.com

제발 4년만 남아주세요!

전 세계 IT 혁신을 이끄는 기업이 밀집해 있고 스타트업으로 새로운 직업 기회가 끝없이 창출되는 실리콘밸리는 잡호퍼들의 가장 이상적인 환경이다. 반대로 실리콘밸리 기업들은 뛰어난 직원들을 오래 붙잡는 것이 커다란 숙제라 할 수 있다. 그럼 실리콘밸리 기업에서 일하는 직원들은 평균 얼마 동안 한 회사에 남아 있을까? 이름만 들어도 아는 유명한 회사인데 다들 오래 남아 있지 않을까라고 생각하면 큰 착각이다.

지난 2018년 비즈니스 전문 잡지를 발간하는 Inc.에서 실리콘밸리 15개 유명 기업 기술 인력의 평균 근속 년수를 조사해 발표했다[2]. 우버가 가장 짧은 1.8년 이었고, 시스코가 가장 긴 7.8년이었다. 메타(페이스북)의

[2] https://www.inc.com/business-insider/tech-companies-employee-turnover-average-tenure-silicon-valley.html

평균 근속 기간도 2.5년 정도에 그쳤고, 구글의 모회사인 알파벳도 3년이 조금 넘는 수준으로 나타났다. 이들 기업은 다양한 직원 복지 혜택으로도 유명하지만 실리콘밸리 고용 시장은 직원들이 현재 직장을 떠나 새로운 직장으로 옮기도록 만드는 강력한 힘을 발휘한다고 하겠다. 따라서 실리콘밸리에서 어떤 직장인이 한 기업에 10년 넘게 있으면 오히려 아주 놀랍고 신기한 사건으로 받아들인다.

기업명	평균 근속 년수
우버(Uber)	1.8년
드롭박스(Dropbox)	2.1년
테슬라(Tesla)	2.1년
스퀘어(Square)	2.3년
페이스북(Facebook)	2.5년
에어비앤비(Airbnb)	2.6년
박스(Box)	2.7년
넷플릭스(Netflix)	3.1년
알파벳(Alphabet)	3.2년
세일스포스(Salesforce)	3.3년
애플(Apple)	5년
아도비(Adobe)	5.3년
오라클(Oracle)	7년
시스코(Cisco)	7.8년

반면 실리콘밸리 기업들은 조금이라도 직원들이 남아서 근속을 늘리

는데 최선의 노력을 다한다. 예를 들어 실리콘밸리에서 직원을 선발할 때 보편적으로 사용하는 주식 보상 방식 가운데 하나가 'RSU(Restricted Stock Units)'이다. RSU는 조건부로 주식을 제공하는 방식인데 가장 보편적인 조건이 특정 시점까지 근속을 하게 되면 주식을 받는 방식이다. 가령 메타(페이스북)는 4년 동안 25%, 25%, 25%, 25%씩 배분 스케줄(vesting schedule)을 운영한다. 이는 4년 동안 남아달라는 회사의 바람이 제도에 반영된 것이다.

캘리포니아에서 전직금지 약정은 불법

실리콘밸리에서 기업 간 이직이 쉬운 이유는 이에 대한 법적 제약이 없기 때문이다. 한국 기업이 흔히 사용하는 '전직금지 약정서', 즉 퇴직 후 일정기간 동종 유사업체에 전직하거나 관련 사업을 창업하지 않겠다는 약정은 실리콘밸리가 속한 캘리포니아에서는 불법이다. 이러한 전직금지 약정을 'Non-Compete Clause(혹은 NCC)'라고 부르는데 미국은 개별 주마다 NCC가 합법인지 혹은, 불법인지가 다르다. 다수의 주에서는 이를 합법으로 간주하고 있으나, 앞서 소개한 캘리포니아, 몬타나, 노스다코타, 오클라호마와 같은 주에서는 기업이 직원의 이직을 막는 행위를 법적으로 차단하고 있다. 따라서 기업이 어느 주에 소속되었는지에 따라 전직 금지 조항을 적용할 수 있는지 없는지가 달라진다.

관련해서 흥미로운 사건이 있었다. 2014년 아마존은 졸탄 스자바디(Zoltan Szabadi)라는 직원이 아마존웹서비스(AWS) 전략적 파트너십 부서 리더로 일하다가 구글 클라우드 사업부로 이직한 것에 대해서 NCC를 위반했다고 소송을 제기했다. 구글은 실리콘밸리에 위치한 기업이지만, 아마존 본사는 워싱톤주 시애틀에 있으며 워싱톤주는 NCC 적용을 합법으로 간주하기 때문에 소송이 성립될 수 있었다. 당시 소송에 대해서 구글은 졸탄 스자바디가 입사 후 6개월간 아마존 근무 당시 고객에 대한 영업 기밀이나 다른 직원을 빼오지 않는데 합의했다고 반박했으나, 아마존은 여전히 18개월간 이 같은 활동을 금지한 NCC를 위반한 것이라고 주장해 소송이 진행되었다. 얼마 후 양측은 합의를 통해서 소송을 마무리했다고 전해졌지만 언론은 아마존이 소송을 통해 이직을 고려하는 직원들에게 강력한 메시지를 보내려는 의도였다고 해석했다.

집단 소송에 혼쭐난 실리콘밸리 기업들

잡호핑이 보편화되어 있고 인재 부족이 심각한 실리콘밸리 기업이 쉽게 빠지는 유혹이 서로 인력을 빼가지 말자고 담합하는 행위이다. 그리고 실제 인력 스카우트와 관련된 기업간 담합으로 실리콘밸리가 크게 시끄러웠던 적이 있었다. 사건은 2005년으로 올라가며 담합과 관련된 회사는 애플, 구글, 인텔, 어도비, 인튜이트, 픽사, 루카스필름의 7개 기업이었다. 미국 법무부는 이들 회사를 반독점법 위반 혐의로 기소를 했는데, 구체적으로 이들 회사는 서로 '콜드 콜(Cold Call)' 즉 특정 근로자가 이직 의사를 밝히고 접촉해 오지 않은 상태에서 상대편 회사가 먼저 근로자를 접촉해 스카우트를 제안하는 형태의 채용은 하지 말자고 담합을 했다. 다시 말해 직원이 다른 회사를 직접 지원하지 않으면 서로 건들지 말자고 미리 짜는 전형적인 담합 행위가 진행된 것이다. 결국 이들 회사는 2010년 법무부와 합의를 통해 '콜드 콜'을 포함한 어떤 수단으로도 피고용인의 이직을 막으려는 시도를 하거나 기업 간 인력 확보 경쟁을 제한하는 담합 행위를 하지 않겠다고 서약을 했다.

하지만 인력 유출과 관련된 담합 사건은 민사 사건이 되어서 2011년 집단소송이라는 새로운 국면을 맞이하게 된다. 이 집단소송의 원고는 2005년에서 2009년 이들 기업에 근무했던 6만 5천명의 엔지니어였고, 손해배상 청구금액은 무려 30억 달러(약 3조 2천억원)에 이르렀다. 당시 언론들은 반독점법에 따라 징벌적 배상이 이뤄지면 배상액이 90억 달러(약 10조 8천억원)에 이를 것이라고 예상하면서 이 사건에 대해서 관심을 증폭시켰다. 하지만 2014년 소송 판결이 나기 전에 집단소송 취하에 대한 합의가 이뤄졌고 합의금은 청구금액의 약 10분의 1 수준인 3억 2400만달러로 알려졌다. 이후 원고측이 지불 금액이 너무 적다는 이유로 불복했고, 2015년에 4억 1500만달러로 최종 합의가 이루어져 집단소송이 일단락되었다.

당시 이 집단소송이 진행되면서 애플 CEO였던 스티브 잡스가 얼마나 인재 이탈에 민감하게 반응했는지가 세상이 공개되어 큰 화제가 되었다. 2005년 2월 세르게이 브린 구글 창업자가 임원진에 보낸 이메일에 따르면 당시 스티브 잡스 애플 CEO가 본인에게 전화를 걸어 구글이 애플 직원을 스카우트 하고 있다고 불평했고, 잡스 CEO는 애플 직원 한

명이라도 빼간다면 선전포고로 받아들이겠다고 강력하게 항의했다고 전했다. 이에 에릭 슈미트 구글 회장이 직접 나서서 애플에서 인재가 유출되지 않도록 온갖 수단을 강구하겠다고 전달했다고 한다. 이후 2007년에도 이와 비슷한 이유로 스티브 잡스가 불만을 제기하자, 구글은 애플 직원에게 스카우트 제의를 한 인사 담당자를 해고했다. 에릭 슈미트 회장으로부터 담당자 해고 사실에 대해 이메일을 받은 스티브 잡스는 이 이메일에 웃는 표정의 이모티콘을 덧붙여 다른 애플 임원에게 전달했다는 이야기는 실리콘밸리에서 유명한 일화로 남게 되었다. 하지만 이러한 이메일은 결국 앞서 집단소송에서 담합 증거로 채택되어 공정한 시장 질서를 해치려는 의도가 있는 것으로 해석되었다.

구글이 가장 두려워하는 회사는 스타트업

한번은 구글에 근무하는 엔지니어 후배와 이런 얘기를 한 적이 있다.

"구글에 근무하면 직원들 잘 안 나가지?"

"그렇지 않아요. 사람들이 정말로 자주 바뀌어요."

"그래? 회사가 그렇게 좋은데? 하긴 어떤 자료를 보니까 구글 직원 평균 근속이 3년 정도 되더라. 다른 회사에서 구글 직원들을 많이 스카우트해서 그런가?"

"아닐걸요. 필요하면 카운터 오퍼해서 붙잡으면 되죠. 아마 스타트업을 하거나 스타트업에 조인하려는 사람이 많아서 그럴 거예요. 그런 사람들은 막을 수가 없어요."

FANG도 스타트업에서 시작

'FANG'은 미국 주요 인터넷 기업인 페이스북(Facebook, 현재 메타), 아마존(Amazon), 넷플릭스(Netflix), 구글(Google)의 영문 앞 글자로 만들어진 신조어이다. 정확히는 2013년 미국 경제 방송 CNBC의 '매드 머니(Mad Money)' 진행자 짐 크레이머가 잘 나가는 인터넷 기업 주가를 한꺼번에 통칭하려고 불렀고 이후 크게 유행해 이제는 익숙해진 용어가 되었다. 이후 애플(Apple)을 더해서 'FAANG'이라는 단어도 쓰이고 있다. 'FANG'에서 시애틀에 본사가 있는 아마존을 제외하고는 나머지 세 기업 모두 실리콘밸리에 있다. 지금은 모두 상장된 대기업으로 실리콘밸리를 대표하고 있지만 이들도 한때는 스타트업으로 지금과 같은 성공은 상상하기 힘든 시절이 있었다.

2022년 기준으로 매출 2,828억 달러(약 360조 원), 전 세계 18만 명 직원이 근무하는 구글(공식 명칭은 알파벳이며 2015년 8월 구글의 지주회사로 출범함)도 1998년 실리콘밸리 멘로파크의 허름한 차고에서 시작했다. 당시 창업자인 래리 페이지와 세르게이 브린이 투자금을 꾸기 위해 여기저기 뛰어다녔고 겨우 초기 투자금으로 100만 달러를 모았었다.

이후 구글은 2004년 뉴욕 증시에 상장하게 되었다. 당시 기사는 구글이 애초 상장 가격을 $108~$135로 잡고 있었는데 시장

반응이 싸늘해서 $85로 낮춰서 상장에 성공했다고 보도했다. 2022년 7월 18일 구글의 모회사인 알파벳은 20대 1로 주식 분할을 했는데, 분할 전 주가는 $2,253.34였다. 알파벳의 최고 주가 기록은 2021년 11월 18일에 기록한 $2,996.77였으니, 주식 상장 전에 구글의 가치를 알아봤으면 엄청난 수익을 올렸을 것이다.

근데 당시 구글의 상장 소식을 전했던 CNN의 분석 기사를 보면 주가나 기업 가치를 예측하는것이 얼마나 허상인지를 보여준다. 2004년 8월 19일 자 기사에서 CNN은 대부분 경제 애널리스트에 따르면 구글보다 경쟁자인 Yahoo!의 사업이 더 잘 분산되어 있어서 Yahoo!의 주식이 더 매력적이라고 전했다. 하지만 이후 Yahoo!의 사업은 끝없이 추락했고 결국 2017년 버라이즌에 매각되어서 시장에서 사라졌다. 2004년으로 돌아가 보면 구글이 지금과 같이 모든 스타트업의 우상이 될 정도로 성공한다는 예측은 많은 사람에게 꿈같은 얘기로 들렸을 것이다.

구글을 꿈꾸는 실리콘밸리 스타트업

유니콘(Unicorn)은 기업 가치가 10억 달러(약 1.2조원)가 넘는 비 상장된 스타트업을 의미한다. 유니콘이란 표현은 미국 벤처 캐피털 회사 카우보이 벤처스(Cowboy Ventures)를 설립한 중국계 미국인 에일린 리(Aileen Lee)가 2013년에 처음 사용했다. 처음 에이린 리가 상상 속의 동물인 유니콘을 스타트업 기업에 비유했을 당시 미국 내 유니콘 기업은 총 39개였다. 기업 이름을 보면 페이스북, 링크드인, 워크데이, 트위터, 우버, 드롭박스, 유튜브 등으로 지금 보면 쟁쟁한 테크 기업이 나열되어 있다. 그리고 39개 기업 가운데 무려 27개가 실리콘밸리에서 시작한 스타트업이었다. 나머지 기업 가운데 뉴욕시는 3개, 시애틀이 2개, 오스틴이 2개로 실리콘밸리는 스타트업의 천국이라 할 수 있다.

미국의 시장조사 업체 CB 인사이트(CB Insights)는 유니콘 기업들을 대상으로 다양한 통계와 분석을 담은 보고서를 발간한다. CB 인사이트의 2019년 7월 보고서에 따르면 전 세계 유니콘 스타트업은 총 377개이며, 이 가운데 미국이 185개로 49%에 해당하는 기업이 미국에 기반했다. 그리고 많은 유니콘 기업이 실리콘밸리 특히, 샌프란시스코에 본사를 두고 있다. CB 인사이트의 2020년 6월 자료에 따르면 전 세계 도시 중에 샌프란시스코에 본사가 위치한 유니콘 기업이 총 64개로 2위인 중국 베이징의 51개를 크게 넘었다.
2018년 「실리콘밸리 비즈니스 저널」은 "실리콘밸리가 여전히 벤처, 스타트업에서 전 세계를 지배하고 있다(Silicon Valley still dominates the world in venture, startups, new report shows)"라는 기사를 실었고 여러 자료를 통해 실리콘밸리가

다수의 유니콘 기업들이 탄생한 도시들
10억달러 이상의 기업 가치를 지닌 스타트업 본사가 위치한 도시

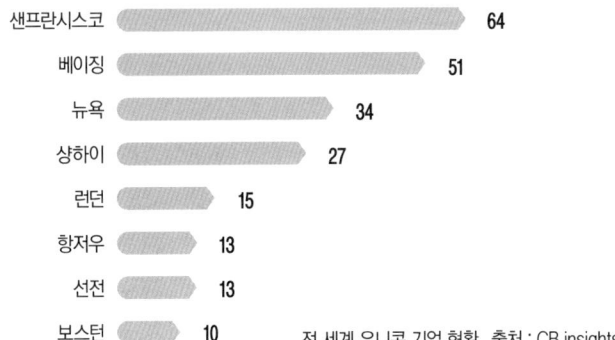

전 세계 유니콘 기업 현황_ 출처 : CB insights

전 세계 스타트업의 중심지라는 사실을 부각했다. 그리고 실리콘밸리는 새로운 아이디어를 실현하고자 하는 사업가를 위한 자금이 넘쳐나는 곳이다. 피치북 보고서는 2022년 상반기 미국 내의 어느 지역에서 얼마나 벤처 캐피탈 투자가 이뤄졌는지

2022년 상반기 기준 지역별 벤처 캐피탈 투자 금액

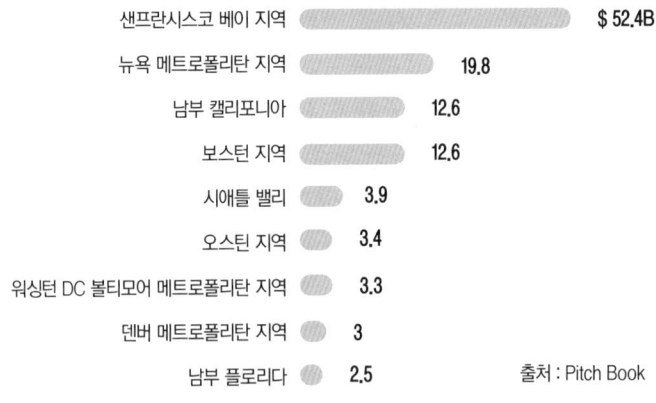

출처 : Pitch Book

를 발표했는데, 샌프란시스코 베이 지역 (실리콘밸리)이 524억 달러로 2위인 뉴욕 지역(198억 달러)을 압도했다.

성공이 성공을 낳는다!

그러면 왜 실리콘밸리는 스타트업의 천국이 되었을까? 당연히 여러 이유가 복합적으로 작용했을 것이다. 사업하기 좋은 비즈니스 인프라, 스탠퍼드 대학과 UC 버클리 대학이 근접하여 기업과 대학 간 협력을 통한 시너지, 동종 기업간 근접에 따른 경쟁력 향상 등등. 이러한 많은 이유 가운데 성공 경험과 이를 통한 인적 네트워크는 다른 지역이 실리콘밸리를 따라오기 가장 어려운 이유로 보인다. 실리콘밸리에는 HP, 인텔, 애플, 구글, 페이스북(메타) 등 성공한 스타트업의 신화와 역사가 계속되고 있다. 이들 기업의 성공 경험이 실리콘밸리의 혁신 마인드가 되었고 많은 사람에게 창업 동기를 제공하고 있다. 그리고 이들 기업은 여전히 테크 분야의 강자로 끊임없이 인재를 배출하고 있다는 사실이다.

또한 혁신 마인드가 강하면 구글과 애플이 아무리 좋은 직장이어도 나의 꿈을 실현할 수 있는 스타트업에 뛰어든 것이 당연하게 여겨진다. 실제 구글, 페이스북 등 잘 나가는 테크 기업 출신이 만든 스타트업이 계속 늘어나는 이유도 여기에 있다. 실리콘밸리의 신조어 가운데 'Xooglers'는 전에 구글에 근무한 경험이 있는 사람들, 즉 'Ex-Googlers'를 의미한다. 지금은 꽤 성공한 기업으로 인식되는 샤오미(Xiaomi)나 핀터레스트(Pinterest)도 전직 구글러가 창업한 기업이다. 미국 경제 전문매체 「비즈니스 인사이더」는 2019년 '전직 구글 직원이 설립한 2019년 가장 부각 받는 20개 스타트업(20 of the hottest enterprise startups of 2019 founded by former Google Employees)'이라는 기사를 통해서 Xoogler가 창업한 유망 스타트업 20개를 소개했다.

Productiv, Node, Coda, Armis, Lucidchart, Optimizely, RealityEngines.AI, Tetrate, Transposit, PlanetScale, Scalyr, Humu, Factual, Shape Security, Dialpad, HeadSpin, ThoughtSpot, Cohesity, Asana, Rubrik 지금은 회사 이름이 아주 생소하게 들리겠지만 1998년 '구글'이란 이름도 많은 이에게 낯설고 이상하게 들리는 회사였다. 앞으로 10년 혹은 20년 후에 이들 회사 가운데 또 다른 구글이 나올 수 있지 않을까?

실리콘밸리의 창의성을 키우는 곳
The Tech Interactive

스타트업의 기본 정신은 혁신과 창의성이다. 실리콘밸리에서 이를 잘 경험할 수 있는 곳이 산호세 다운타운에 위치한 The Tech Interactive 이다. 이곳의 미션이 "모든 사람 내에 잠재된 혁신가를 불러일으킴(To inspire the innovator in everyone)"이다. 과거 명칭은 Tech Museum 이었는데 실제 이곳을 가보면 전시된 물건을 수동적으로 감상하는 곳이 아니다. 오히려 관람객이 직접 로봇을 제작하거나 문제를 해결하는 경험을 제공한다. 이러한 이유로 이름을 박물관에서 테크와 상호작용 하는 곳으로 바꾸었다고 한다. 혁신과 창의성이 뭔가를 직접 해보는 경험에서 출발하듯이 특히 아이들과 함께 실리콘밸리 정신을 느끼기에 아주 좋은 장소라 하겠다.

The Tech Interactive 내
Cyber Detectives 코너.
인터넷 공간의 보안과 윤리에 대해서
배우고 경험하게 한다.

HR 변화는 선택이 아니라 필수다! 2

기업에서 HR은 반드시 필요할까? 기업 내 많은 서비스가 아웃소싱되면 HR의 미래도 불투명하지 않을까? 한 가지 확실한 점은 기업의 생존과 경쟁력을 높이기 위해서는 HR의 통렬한 변화는 피할 수 없는 운명이다. 다만 누가 빠른 변화를 할 것인지에 따라 커다란 차이를 만들 것이다. 그리고 그 변화의 중심에는 HR의 전략적 기능 제고가 자리해야 한다. 2부에서는 어떻게 전략적 HR이 될 수 있는지를 살펴보고자 한다.

왜 HR을 싫어하는가?

2006년 코넬 대학교에서 HR 석사 과정을 시작했다. 대부분 동기와 함께 1학년 첫 학기 수업으로 필수 과정인 'Human Resource Management'를 선택했다. 이때 교수님께서 읽어야 할 여러 아티클을 주셨다. 그 가운데 하나가 바로 'Why We Hate HR (우리는 왜 HR을 싫어하는가)'이었다[1]. 당시 30대 중반 HR의 밝은 미래를 꿈꾸며 유학길에 올랐던 저자에게 2005년 8월 경영 잡지 「패스트 컴퍼니(Fast Company)」에 실렸던 이 짧은 칼럼이 주었던 충격은 상당했다. 이 칼럼의 저자인 키스 해먼즈(Keith Hammonds)는 글 전반을 통해서 HR의 실상과 민낯을 지나치다 싶은 정도로 냉철하게 비판했기 때문이다. 칼럼의 내용이 워낙 아프게 다가왔기에 당시 '글쓴이가 누구인데 어떻게 이렇게 HR 속사정을 잘 알까'라는 의구심도 들었다. 2005년 당시 키스 해먼

[1] https://www.fastcompany.com/53319/why-we-hate-hr

즈는 「패스트 컴퍼니」의 부편집장이었는데 평생 저널리즘 기업에서만 종사해온 인물이다. 다만 1986년 하버드 비즈니스 스쿨에서 MBA 학위를 받았다는 점을 고려하면 경영학적 관점을 가지고 HR 소비자로서 칼럼을 쓰지 않았을까 추측할 수 있다.

당시 이 칼럼을 읽으면서 느꼈던 감정은 부끄러움, 미안함, 그리고 약간의 반발심이었던 것 같다. 나름 HR 전문가를 꿈꾸는 입장에서 이 감정을 나누고 싶었고 새로운 마음을 다져야 겠다고 생각했고, 이를 글로 정리해서 「월간 인사관리」를 통해 'HR에 던지는 아픈 말들'이란 제목의 원고를 전달했다. 키스 해먼즈의 칼럼을 요약하면서 원고의 마지막에 "언젠간 'Why We Want, Like, and Respect HR(우리가 HR을 원하고, 좋아하고, 존경하는 이유)'에 대한 기사를 읽게 되기를 기대해 본다."라는 희망과 격려를 섞은 언급을 넣었다.

2006년 「월간 인사관리」에 원고가 실리고 16년이란 시간이 지났다. 그 사이 HR은 미움에서 존경의 대상으로 바뀌었을까? 존경까지는 아니더라도 최소한 미움의 대상에서는 벗어나 있을까? 2021년 초 대기업 성과급 논란을 보면서 한국 기업 HR이 2005년 키스 해먼즈가 'Why We Hate HR'을 통해 지적했던 무능함을 여전히 극복하지 못했다고 생각했다[2]. 당시 SK 하이닉스에서 시작된 성과급 논란은 삼성전자와 LG전자,

https://www.hankyung.com/it/article/202102051288g

그리고 다른 대기업으로 이어졌다. 기업마다 갈등의 세부 내용은 다르겠지만 논란의 중심에는 HR이 있었고, HR 담당자는 경직되고 투명성이 부족한 제도 운영, 더 큰 가치를 보지 못하는 근시안, 커뮤니케이션 역량이 떨어진다는 비판에서 자유롭지 못했다. 키스 해먼즈가 16년전 HR을 작심하고 비판했던 핵심 내용과 너무나 비슷하다.

동시에 HR이 한편으로는 억울하겠다는 생각도 지울 수가 없었다. 당시 기업 현장에서 일하는 있는 HR 동료와 후배들이 일반 구성원들 얼굴 보기가 불편하다는 말을 들었을 때는 안타까운 마음과 함께 16년 전 작성한 'HR에 던지는 아픈 말들'을 떠올렸다. 따지고 보면 HR은 욕먹을 대상이 아니라 경영자와 직원들로부터 고마움의 대상이 되는 것이 맞지 않을까? HR은 직원들의 급여 지급을 관리하고 복리후생을 운영하여 이들의 생계에 꼭 필요한 역할을 하지 않는가? HR은 인력이 부족한 팀에 적합한 인재를 채용해 번아웃을 막고 업무 과부하로부터 숨통을 틔워주지 않는가? HR은 지식과 기술이 부족한 직원들에게 교육과 훈련을 통해서 더 높은 역량을 갖추도록 도와주지 않는가? 등등. 조직에서 HR은 모두에게 너무나 중요하고 필수적인 존재라는 사실은 누구도 부인하기 어렵다.

그런데 HR은 마치 '돈 주고도 욕먹는다'와 같은 억울한 상황을 겪어야 할까? 수많은 이유가 있다. 이 책의 전반에 걸쳐서 배경과 원인을 다룰 것이다. 그 가운데 한 가지는 HR이 중앙 기능에 위치하면서 너무나 많은 것을 결정하기 때문이다. 그러다 보니까 획일적으로 되고, 현장과 떨어지게 되고, 효율성에만 집중하게 된다. 현대 기업경영에서 권한위임(empowerment)의 중요성과 효과성에 대해서는 별 이견이 없다. 하지만 HR이 가장 취약한 부분이 바로 여기에 있다. HR은 더 잘 아는 사람이 결정하게, 그리고 그 사람이 올바르게 결정할 수 있도록 지원하고 도와주어야 한다. 이것이 전략적 파트너십의 핵심이며, 선진 기업 조직에서 'HRBP(HR Business Partner)'가 확대된 주된 이유이다. 2부에서는 HR이 어떻게 변화해야 하는지에 대해서 살펴본다. 우선 2006년 「월간 인사관리」를 통해 소개된 'HR에 던지는 아픈 말들'을 아래에 소개한다.

HR에 던지는 아픈 말들

2005년도 8월 미국의 「패스트 컴퍼니(Fast Company)」라는 경영 관련 잡지에 "Why We Hate HR(우리가 HR을 싫어하는 이유들)"이라는 글이 실렸다. Keith Hammonds라는 편집자가 쓴 이 기사는 내용이 옳으냐 그르냐를 떠나서 인사 분야에 의미 있는 반향을 일으킨 것은 사실이다. 그가 어떤 주장을 했는지를 간략히 요약하면 다음과 같다.

지식 경영 시대에서 최고의 인재를 지닌 회사만이 승리할 것이기 때문에 이론적으로 본다면 인적자원을 다루는 HR은 기업의 성공을 담보할 커다란 잠재력을 가졌다고 할 수 있다. 하지만 이론과 현실은 너무나 다르다. 오히려 HR 사람들은 점점 퇴보하고 있다. 그들은 여전히 급여를 제때 지급하거나, 퇴직을 말끔히 처리하는 등의 관리적인 일에만 유능하다. 현재 이러한 기능은 대부분 아웃소싱되고 있는데도 말이다. 벌써 20

년이 가까워지도록 HR이 전략적 파트너가 되어야 한다고 이론은 외치고 있지만 현실의 HR 사람들은 전혀 전략적이지도 않고 회사에서 그리 중요한 위치에 있지도 않다.

그럼 앞으로 HR에게 사업전략과 하나가 되어 기업의 인적자원을 최대한 끌어올리는 전략적 역할을 기대할 수 있을까. 지금의 HR로는 매우 부정적이며, 그 이유는 네 가지이다.

첫째, HR 사람들은 역량이 부족하다. HR 관리자들은 여전히 사업에 대한 이해가 떨어진다. 그들은 누가 우리의 핵심고객인지, 어떠한 도전을 받고 있는지, 경쟁자가 어떻게 뛰어난지, 고객은 우리가 무엇을 잘하고 혹은 못 한다고 평가하는지 등에 대한 기본적인 질문에도 답을 하지 못한다. 또한 HR로 지원한 사람들에게 왜 HR에서 일하고자 하는지를 물어보면 가장 흔한 답이 '나는 사람들을 돕고 그들과 일하는 것을 좋아한다'이다. 이처럼 과거의 HR모델에 안주하고 있기 때문에 HR 사람들에게 필요한 역량과 현재의 능력과의 간격이 점점 벌어지고 있다.

둘째, HR은 여전히 가치 창출이 아닌 효율성을 높이는 데 매달리고 있다. 교육담당자에게는 몇 명의 직원들이 교육과정을 이수했는지는 중요한 수치이지만, 직원들에게 어떤 가치를 전달했는지 나아가 고객과 주주를 위해 어떤 혜택을 창출했는지는 관심 영역이 아니다. 즉 HR은 회사에 어떤 결과를 주었는지가 아니라 어떤 활동을 했는지, 혹은 그 활동을 얼마나 효율적으로 했는지에 더 관심을 가진다.

셋째, HR은 획일성과 균등성의 잣대에 얽매여 있다. HR은 하나의 제도를 만들면 예외를 만들려고 하지 않는다. HR은 예외가 생기는 것을 두려워하기 때문에 마치 경찰로서 직원을 바라본다. 하지만 기업은 점점 복잡해지고 다양화되어 가고 있으며 예외를 만드는 것이 비즈니스를 이끄는 원동력이 되고 있다.

넷째, 기업의 임원과 경영자들은 HR이 중요한 역할을 한다고 인식하고 있지 않다. 물론 그들은 직원이야말로 가장 중요한 자산이라고 달콤하게 말한다. 하지만 정작 그들은 HR이 비즈니스에 어떠한 전략적인 이바지를 할 수 있을지를 알지 못하며 HR도 경영자의 지시를 기다릴 뿐 스스로 나서 비즈니스를 이끌어 나가려는 모습을 보여주지 못하고 있다.

키스 해먼즈(Keith Hammonds)가 HR에 던지는 비판과 냉소를 어떻게 받아들여야 하는가? 지나치게 편협한 시각인가? 아니면 냉철하지만, 현실을 정확히 반영한 주장인가? 나아가 우리 회사의 HR은 이러한 비관적 시각에서 얼마나 자유로운가? 질문에 대한 답은 개별기업마다 혹은 HR 담당자마다 다를 것이다. 한 가지 확실한 것은 이러한 부정적 시각을 만든 장본인 역시 현재의 HR과 HR 담당자라는 것이다. 남은 숙제는 분명하다. 이러한 비판을 반면교사 삼아 HR의 변화와 발전을 이뤄야 한다. 아직은 소수이기는 하지만 HR의 전략적인 역할을 통해 뛰어난 기업성과를 창출하는 기업들이 점점 많아지고 있는 것은 커다란 희망이다.

언젠간 'Why We Want, Like, and Respect HR(우리가 HR을 원하고, 좋아하고, 존경하는 이유)'에 대한 기사를 읽게 되기를 기대해 본다.

전략적 HRM:
월마트와 웨그만스 사례[1]

코넬(Cornell) 대학이 위치한 미국 동부 시골도시인 이타카(Ithaca)에는 미국을 대표하는 슈퍼마켓 체인인 월마트와 미국 동부지역을 중심으로 빠르게 성장하고 있는 웨그만스라는 스토어가 가깝게 위치하고 있다. 이 두 곳의 대형 스토어는 여러 가지 점에서 흥미로운 비교대상이 되고 있다.

먼저 월마트는 철저한 저가정책으로 소비자를 유인하여 이익을 실현하는 저비용 전략으로 유명하다. 반면 웨그만스는 신선하고 품질이 우수

---

[1] 이 원고는 「월간 인사관리」 2007년 7월호에 게재되었다. 당시 저자는 미국 코넬 대학교 ILR(Industrial and Labor Relations) 스쿨에서 HR 석사 과정에 있었다. 구글맵으로 확인한 결과 여전히 월마트와 웨그만스는 이타카의 13번 국도 근처에서 차로 4분 거리에 위치하고 있다. 2007년 당시 웨그만스는 동부 5개주에서 71개 스토어를 운영했다. 2022년 기준으로 웨그만스는 9개주에서 109개의 스토어를 운영 중이다. 월마트는 2007년도 그렇고 지금도 세계 최고 기업 중에 하나이다. 2007년 매출액은 3,483억 달러이었고, 2023년 매출액은 6,113억 달러로 늘어났다. 월마트와 웨그만스 모두 그 동안 의미있는 성장을 한 것이다.

한 식료품을 중심으로 소비자의 니즈를 만족시키는 접근을 택하고 있다. 따라서 외부에서 두 기업을 바라보는 시각도 확연히 다르다. 미국에서만 130만 명의 근로자를 고용하고 있는 월마트는 [2] 시작 급여가 최저 임금선에도 못 미치는 수준이며 대부분의 구성원에게 의료보험 혜택을 제공하지 않는다. 또한 노동조합의 설립을 인정하지 않을 뿐만 아니라 부당해고, 성차별 등의 재판으로 인해 부정적인 시각이 만연하다.

이에 반해서 웨그만스는 미국의 경제전문지 「포춘(Fortune)」에서 선정하는 일하기 좋은 100대 기업에 10년 연속 선정되었으며 2005년도에는 1위를 차지했을 정도로 구성원에 대한 다양한 복지혜택과 경쟁력있는 급여를 제공하는 직원우선정책으로 유명하다 [3]. 일반사람들의 이분법적 사고로 본다면 월마트는 나쁜 기업이고 웨그만스는 좋은 기업으로 비춰질 수 있다. 그렇다면 전략적 HRM(Human Resource Management)의 관점에서는 두 기업을 어떻게 보아야 할 것인가? 직원들에게 잘 하는 웨그만스는 훌륭한 인사관리를 하고 있고 그렇지 못한 월마트는 형편없는 인사관리를 하고 있는 것일까?

전략적 인적자원관리는 인적자원 측면에서 조직의 목표를 효과적으

[2] 2022년 1월 기준으로 월마트의 종업원수는 230만명이다.

[3] 웨그만스는 이후에도 「포춘(Fortune)」매거진의 '100 Best Companies to Work For'에 한해도 빠지지 않고 선정되었다. 2022년에는 전체 3위를 기록하였고, 이로서 25년 연속 일하기 좋은 기업으로 뽑혔다.

HR 변화는 선택이 아니라 필수다!

로 달성하게 하는 제반의 계획된 활동을 의미하며 그 핵심은 인사전략과 사업전략과의 연계성 확보이다. 사업전략과 연계된 인사전략은 HR 세부기능(채용, 배치, 평가, 보상, 경력개발 등)에 일관된 방향성을 제시하게 된다. 이러한 관점에서 볼 때 월마트와 웨그만스는 각각의 사업전략 방향에 연계된 전략적 HRM이 기획, 실행되고 있다고 할 수 있다.

먼저 월마트는 저비용의 사업모델에 부합하는 인사전략이 수립되어 HR의 세부기능과 연결되어 있다. 예를 들어 월마트 매장에 방문하면 종업원이 정년퇴직한 고령인력이거나 상대적으로 시간당 급여가 저렴한 소수인종임을 쉽게 알 수 있다. 채용제도도 이러한 저비용 구조를 뒷받침하도록 설계되어 있다. 이에 반해 웨그만스 매장의 종업원들은 대부분 젊은 인력으로 항상 활기가 넘친다. 매장을 방문한 소비자에게 구입하는 상품외에도 쇼핑하는 내내 만족과 즐거움을 제공하는 것이 사업전략의 핵심인만큼 이에 적합한 사람을 채용하고 있는 것이다. 이처럼 두 기업은 개별기업의 상위전략에 부합하는 서로 다른 인사전략을 수립하여 이를 세부기능에 반영하고 있다.

이는 국내기업에도 시사하는 바가 크다. 대다수의 국내기업은 HR 세부기능의 효율성에 지나치게 초점을 두는 경향이 있다. 이렇게 접근하다 보면 전략적 방향성이 모호해지기 때문에 무엇이 자사에 가장 바람직한 제도인지에 대해 확신하지 못하게 되어 제도도입에 대한 최종 결정을 미루거나 CEO 및 COO에게 의사결정을 주문하는 결과를 초래한다.

또한 선진기업에서 채택한 세부 제도를 그대로 모방하게 되어 전략적 방향성의 차이로 인해 제도의 실행단계에서 예기치 못한 문제를 발생시켜 결국 어렵게 기획한 제도를 사장시키는 악순환이 반복된다. 아울러 HR은 정답이 없다는 결론을 내리곤 한다. 모든 기업에 통용되는 HR의 진리는 없지만 개별기업에 최적화된 HR의 정답은 반드시 있다. 그 정답을 찾는 출발점이 바로 전략적 HRM을 이해하는 것이다.

HRBP(HR Business Partner) 모델과 미래[1]

미국 기업의 HRBP(HR Business Partner) 모델은 1990년 후반, 특히 데이비드 울리치(David Ulrich) 교수 등이 주도한 전략적 HRM 운동을 통해 확산되었다. 이들 연구자는 제이 바니(Jay Barney)가 제시한 자원준거관점(RBV: Resource-Based View)에 학문적 뿌리를 두면서, HR이 비즈니스와 파트너십을 통해 기업의 경쟁우위를 만들어내야 한다고 주장하였다. 동시에 관리적이고 일상적 업무에 치우친 HR을 벗어나라고 주문하였다. 당시 기업 경쟁력을 인적 자원과 같은 내부적 역량에서 찾고자 하는 경영학의 흐름과 맞물려 HRBP 모델은 기업 HR 부서에 강력한 변화를 이끌었다.

하지만 20년이 지난 지금 과연 HRBP 모델이 성공적으로 안착하여

---

[1] 이 원고는 「HR Insight」 2016년 11월호에 '미국 기업의 HRBP 현황과 국내 HR이 주시할 점'이라는 제목으로 게재되었다.

HR의 전략적 기능을 강화시켰는지, 나아가 기업 경영에 차별적인 경쟁우위를 가져왔는지는 다분히 회의적이다. 이를 반영하듯 최근 「하버드 비즈니스 리뷰(Harvard Business Review)」는 몇 년에 걸쳐 HR에 비판의 목소리를 전하면서 새로운 변화를 주문하고 있다. 2014년 램 차란(Ram Charan) 교수의 "It's Time to Split HR", 2015년 피터 카펠리(Peter Cappelli) 교수의 "Why We Love to Hate HR...and What HR Can Do About It", 2016년 피터 카펠리(Peter Cappelli) 교수 등의 "The Performance Management Revolution"이 이를 대표한다. 본 글에서는 미국 기업 HRBP의 조직 구조 및 HRBP에 요구되는 역량 등을 살펴보고, 어떠한 한계와 문제를 나타냈는지를 점검하고자 한다. 이를 토대로 HRBP 모델이 어떻게 진화하고 발전할지에 대한 시사점을 구하고자 한다.

HRBP 도입에 따른 HR 조직구조

파트너십(partnership)의 사전적 정의는 "A relationship between individuals or group that is characterized by mutual cooperation and responsibility, as for the achievement of a specified shared goal(특정한 공유 목표 달성을 위해 상호협력과 책임을 통해 이루어지는 개인 혹은 집단 간의 관계)", 합의된 목표 달성을 위한 상호협력과 책임공유가 그 핵심이다. 따라서 파트너십에 기반한 HRBP 모델은 HR이 비지니스와 공통의 목표를 공유하고 이를 달성하기 위해 서로 협력하고 나아가 이에 대한 책임을 공유해야 제대로 작동될 수 있다. 이를 실현하기 위해 HRBP 모델이 도입된 이후 많은 미국 기업 HR 조직은 크게 세

가지 영역으로 분화하며 진화되었다. 아래 그림은 HR 전문 잡지인 「휴먼 리소스 플래닝(Human Resource Planning)」의 "(Re)Designing the HR Organization(2006)"이란 논문에서 소개된 HRBP 모델의 전형적 모습이다. 전방에서 고객(client)과 파트너십을 가지는 HRBP, 하방에서 지원하는 분야별 전문가 집단인 CoE(Center of Excellence or Center of Expertise), 그리고 단순 업무 처리를 모아서 효율성을 높인 Shared Services로 구성되어 있다.

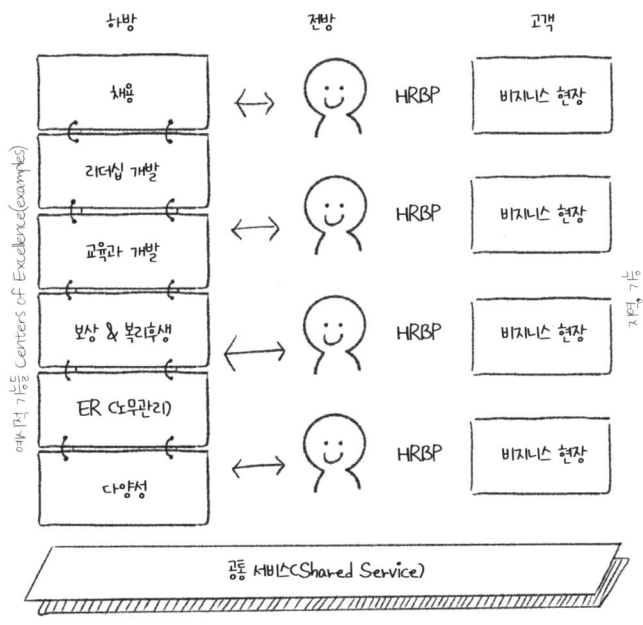

출처 : Human Resource Planning, 2006

먼저 공통서비스 영역은 급여처리(payroll)나 복리후생(benefit)과 같이 직원을 대상으로 하는 민원성 업무처리 기능이다. 과거에는 HR 제너럴리스트(HR Generalist)라는 업무 담당자가 주로 전담했던 영역이지만, IT 시스템 발전과 비용 효율성으로 인해 많은 부분이 외주화(outsourcing)되었다. IT 자문 및 시장조사 기관인 Gartner에 따르면 2004년 북미 HR 아웃소싱 규모는 143억 달러에서 2009년 219억 달러로 성장하였고, 시장조사 기관인 Tech Navio에 따르면 2016년부터 2020년까지 전세계 HR 아웃소싱 시장은 매년 평균 12.74%로 성장할 것으로 전망된다[2]. 실제 미국에서 열리는 HR 콘퍼런스에 참가하면 박람회(expo)에서 HR 관련 아웃소싱 업체가 매년 빠르게 증가하고 있다는 것을 쉽게 관찰할 수 있다. 그 주된 이유는 HRBP 모델 채택에 따라 HR의 기능이 점차 아웃소싱 중심의 Shared Service로 전환되기 때문이다.

CoE는 HR의 특화 영역, 즉 채용(staffing), 보상(compensation), 교육(learning & development) 등의 과거 HR 스페셜리스트의 직무로 존재했던 기능이다. 이상적인 HRBP 모델에서 이들의 역할은 전사적인 제도나 프로그램을 설계하거나, HRBP를 도와 비지니스의 이슈 해결을 지원해 준다. 끝으로 HRBP는 직접 고객을 상대하는데, 여기서 고객은 지역이나 기능에 따른 비지니스 또는 비지니스 내 직원을 의미한다. 이들은 해당 비지니스 조직의 성공이라는 공동 목표를 가지고 HR 및 조직 이슈를

---

[2] 또 다른 조사에 따르면 전 세계 HR 아웃소싱 시장은 2021년 329억 달러에서 2028년에는 448억 달러로 성장할 것으로 전망했다 (https://www.abnewswire.com/pressreleases/hr-outsourcing-market-value-is-estimated-to-reach-usd-448894-mn-by-2028-with-53-cagr-credence-research_612299.html 참조)

파악해서 해결한다. 따라서 많은 경우 HRBP의 상사는 해당 비지니스 리더와 HR 부서 리더로 매트릭스(matrix) 형태의 보고라인을 가지게 된다. 또한 비지니스에 따른 P&L(Profit & Loss)이 구분되는 경우에는 HRBP 운영에 따른 모든 비용을 해당 비지니스에서 책임지는 경우가 보편적이다.

HRBP는 어떤 자질이 요구되는가?

글로벌 컨설팅 회사인 Deloitte가 2011년 "Business driven HR: Unlock the value of HR Business Partners"라는 보고서를 통해 성공적인 HRBP에게 나타나는 5가지 특징을 정리하였다. 전략적 이슈 집중(Focusing on strategic issues), 큰 그림의 시각 보유(Taking a big picture perspective), 개인적인 영향력과 신뢰감 보유(Having the personal impact and credibility), 외교관과 협상가적 자질(Being the diplomat and negotiator), 폭 넓은 지식과 증명된 스킬의 보유(Having a proven set of skills and a breadth of knowledge)이다. 이를 정리하면 HRBP는 분명 과거 HR 담당자와는 다른 역량이 요구됨을 알 수 있다. 즉, 사람을 좋아하기 보다는 사업에 영향을 줄 수 있어야 하고, 대인간 갈등 해결보다는 사업의 미래를 고민해야 하고, 따뜻한 감성보다는 차가운 이성에 기반하기를 요구한다고 하겠다.

구글의 HR 부서인 People Operations의 3분의 1의 인력은 HR 경력이 거의 없는 전략 컨설팅 혹은 영업이나 엔지니어링 등과 같이 아예 다른 분야의 출신들로 채워져 있다. 이들은 구글의 Business Unit에 소속되어서 HR 이슈를 진단하고 해결하는 HRBP로서의 역할을 수행한다. 구글이 HRBP 채용을 위해 채용 웹사이트에 올린 HRBP 직무기술서에 따르면, HRBP 역할은 "To solve complex organizational challenges through people-related solutions(사람과 관련된 해결책을 통해 복잡한 조직의 도전과제를 해결하는 것)"로 정의한다. 그리고 HRBP의 가장 첫 번째 책임은 "Offer thought leadership regarding organizational and people-related strategy and execution(조직과 사람과 관련된 전략과 실행에 대해서 사상적 리더십을 제공)"이다. 또한 자격 요건에 경영컨설팅에서 일한 경험이나 외부 고객을 상대한 경험을 선호한다고 명시하고 있다.

HRBP 모델의 이슈와 한계

앞서 소개한 바와 같이 HRBP 모델은 이론적 토대가 튼튼하고 구글과 같이 좋은 성공 모델도 존재하지만, 미국 기업 HR은 여전히 기대한 가치를 만들어내지 못한다는 비판을 받고 있다. 즉, HRBP 모델이 그 기대한 효과를 내지 못한다는 것인데 몇 가지 이유가 존재한다. 첫째, 현재 HRBP를 맡는 사람들의 다수가 예전 HR Generalist에서 단순 전환되었다는 사실이다. 즉 직무의 이름만 바뀌었을 뿐 이를 수행하는 사람은 변화가 없기에 이들이 새로운 역할을 감당하기에 보유한 지식이나 스킬이 부합되지 않는다.

둘째, HR 부서내 CoE 집단과 HRBP간의 경계가 현실에서는 잘 작동하지 않는다. CoE내 분야별 전문가도 때로는 최종 수혜자인 비지니스 리더나 직원과의 직접적인 업무 관계를 형성하기를 원하지만 HRBP는 CoE를 후방 지원 조직으로 두기를 원하기 때문이다. 이러한 역학관계로 인해 CoE 담당자는 HRBP로 전환하는 것을 일종의 경력 발전으로 여기는 경향이 자주 나타나, CoE 자체의 전문성이 저해되어 HRBP와 동등한 관계 설정이 어렵게 된다.

셋째, 조직개발(OD: Organization Development) 기능이 HRBP 혹은 CoE로 잘 돌아가지 않는다는 점이다. HRBP가 OD를 수행하기에는 지식과 컨설팅 스킬이 부족할 수 있고, 설령 HRBP 역량이 충분해도 성공한 OD 과제에 대해 동일한 방법론이나 툴을 전사적으로 공유하기 어렵다. 한편 OD 프로젝트를 담당할 CoE 조직을 만들어 수행하게 하면 HRBP와 프로젝트의 오너십 갈등이 유발되기 쉽다.

끝으로 HR 리더는 항상 "One Team" 혹은 "One HR"을 외치지만 HRBP 모델은 기본적으로 분권화(decentralization)를 지향하기에 이를 구현하기가 매우 까다롭다. 특히 HR을 대직원 서비스나 제도 감시자에 한정하는 획일적인 가치관을 지닌 HR 리더가 있는 경우는 HRBP 모델은 갈등의 소지가 매우 큰것이 사실이다.

HRBP의 미래와 시사점

와튼(Wharton)스쿨의 피터 카펠리(Peter Cappelli) 교수가 2015년

「하버드 비즈니스 리뷰(Harvard Business Review)」에 기고한 글에서 미국 기업 HR은 다른 나라와 비교할때 그 지위가 현저하게 떨어진다고 주장하였다. 다른 나라들은 정부의 공격적인 규제, 노조의 강력한 활동, 근로자에 대한 정치적 지지 등으로 HR의 역할이 크게 부각되지만, 미국은 고용주에 가장 친화적인 법적, 제도적 환경을 가지고 있어 기업내 HR 지위가 높지 않다고 설명한다.

또한 2차 대전 이후 미국 기업은 주주가치 실현에 초점을 둔 지배구조 모델에 집착하여 재무적 배경을 가진 사람들이 지나칠 정도로 많이 기업 CEO가 되었다고 지적했다. 과연 친근로자 성향의 국가나 노조의 영향력이 큰 기업에서 HR 위상이 높을 지는 의심스럽지만, 카펠리 교수의 지적대로 미국 기업 HR의 현재 위상은 여전히 대직원 서비스 제공자 혹은 제도 감시자를 크게 벗어나지 못한 것도 부인하기 어려운 사실이다.

하지만 HR의 전략적 기여도에 대한 기대가 높아질 수록 혹은 HR이 기업 경쟁력의 중요한 원천이라는 보편적 공감대가 넓어질 수록 현장에서 HRBP 모델은 더 성장하고 진화될 것으로 보인다. 지난 20여 년이 미국 기업에서 HRBP 모델의 씨앗이 뿌려져 싹이 트는 과정이었다면, 이제는 뿌리를 깊게 하고 열매를 맺는 단계로 바뀌어야 한다. 한편 미국에서는 HR이 '핑크 칼라 잡(Pink-Collar Job)'으로 불릴 정도로 1960년대 이후 HR에 여성 비율이 높은데(통계에 따라 다르지만 70%~80% 정도로 추정), 다양성의 관점에서 HR의 성비 균등화가 미국에서는 중요한 HR의 과제이다.

    끝으로, 국내 HR 담당자는 반드시 미국 HR 진화에 대한 맥락적 이해를 바탕으로 미국 기업 HRBP 모델에 접근해야 한다. HRBP는 HR의 전략적 기능과 실천을 위한 여러 대안 가운데 하나이며, 미국이라는 특수한 상황에서 발전한 모델일 수 있음을 상기해야 한다. 그리고 앞서 소개한 HRBP 모델이 현장에서 실현되면서 나타난 이슈와 문제점을 파악하고 이를 해결하는 노력이 있다면 자연스럽게 전략적 HR의 실현으로 이어질 것이다.

기업 인력 유형 및 HR 전략[1]

　기업 조직 내 인력을 A player, B player, C player 혹은 특급/일반/저성과 집단으로 구분해서 관리해야 한다는 사고의 기반에는 '80대 20' 룰로 잘 알려진 파레토 원칙(Pareto Principle)이 자리하고 있다. 파레토 원칙은 20%의 인구가 전체 부의 80%를 차지하고 있다는 경제학적 발견이지만, 이를 기업 경영 맥락에 적용하여 20%의 뛰어난 소수 인재가 80%의 기업 가치를 창출하기에 뛰어난 인재 집단, 즉 A급 인재를 얼마나 보유하는지가 기업 성패의 핵심으로 확장되었다.

　이를 대표적으로 실현한 미국 기업은 젝 웰치 리더십 아래의 GE라고 할 수 있다. 1981년부터 2001년까지 GE의 CEO로 재직할 당시에 잭 웰치는 'Vitality Curve'라고 불리는 제도를 통해 조직원을 20%의 A

---

[1] 이 원고는 「월간 인사관리」 2015년 6월호에 '미국 기업의 인력유형 및 HR 전략'이라는 제목으로 게재되었다.

player, 70%의 B player, 10%의 C player로 구분해 상위 20% 인재에 대해서는 충분한 보상과 발탁을 통해 리더로 육성하였고, 하위 10%는 상시 정리하는 HR 시스템을 구축하였다. 잭 웰치가 GE를 맡은 기간 동안 기업의 시가 총액은 26배, 매출액은 5배, 순이익은 8배로 높이는 성과가 나타나면서, 미국 기업들은 앞다퉈 유사한 형태의 HR 제도 또는 인재 관리(Talent Management) 기법을 도입하였다.

잭 웰치가 GE를 이끌었던 시기는 경영 전략에서 조직 구성원이 기업 간 경쟁 우위를 가져올 수 있는 자원(Resource)이라는 시각이 도입되어 부흥한 시점과 상당 부분 겹친다. 이때부터 조직 역량을 강조하는 경영 전략이 기업들에게 큰 호응을 받기 시작하였고, 제이 바니(Jay Barney) 교수 등이 주창한 자원 기반 관점(RBV, Resource-Based View)은 인재 중요성의 이론적 토대가 되었다. 그리고 정점에는 글로벌 경영 컨설팅 기업인 맥킨지가 1997년 발표한 'The War for Talent'가 있다고 하겠다 [2]. 조직 내 저성과자를 항시 퇴출시키고 뛰어난 인재 비중을 높이면 당연히 기업 성과는 올라갈 것이라는 마치 완벽해 보이는 설명이지만, 실제 기업 HR 운영에서 구현되는 것은 경험적으로 매우 어려운 일이기에 때로는 실현 가능성에 대한 의문이 제기된다.

---

[2] 'The War for Talent', 즉 인재전쟁이란 용어는 맥킨지 컨설턴트인 Steven Hankin가 1997년 만든 용어이다. 이후 2001년 맥킨지 컨설턴트인 Ed Michaels, Helen Handfield-Jones, 그리고 Beth Axelrod가 같은 제목의 책을 발간했다.

Forced Ranking 방법의 쇠퇴

기업 내 A 플레이어를 찾기 위해서 혹은 C 플레이어를 퇴출시키기 위해서 HR 부서가 일반적으로 채택한 방법은 평가 결과 산출 시 상대적 배분률을 적용하는 방식이었다. 미국에서는 forced ranking (강제 등급), forced distribution (강제 배분), rank and yank (등급 후 퇴출, GE의 잭 웰치 방식을 언급할 때 쓰임), 혹은 stack ranking (스택 랭킹) 등으로 불리는데, 기본적인 철학은 인력 차별화를 통한 경쟁력 확보이다. 하지만 다수의 기업은 이러한 방법을 통해 경쟁력 확보에 실패한 것으로 보고되고 있다.

이를 대표하는 사건은 2013년 마이크로소프트사가 팀워크와 협업을 진작하기 위해 오랫동안 유지해온 직원에 대한 상대평가제도를 폐지한다고 발표한 것이다. 2014년 「A Bigger Prize: How We Can Do Better than the Competition」(한국에서는 「경쟁의 배신」으로 발간)을 저술한 마거릿 헤퍼먼(Margaret Heffernan)은 마이크로소프트사가 지난 십 년 동안 혁신적이라고 할 만한 기술을 개발하는 데에 실패한 이유가 강제 배분 방식에 있다고 지적한다. 즉 직원 모두를 지속적으로 위협한 나머지, 뛰어난 사람이 되겠다는 야심보다는 안전해지려는 욕망만 키워 조직 문화를 망가뜨렸다는 주장이다.

마이크로소프트사 외에도 많은 미국 기업은 강제 등급의 평가 방식을 폐기하였다. 2013년 미국 HR 전문 협회인 WorldatWork의 조사에 따르면 미국 기업의 약 12% 정도만 이 방식을 유지하고 있다. 심지어 강제 등급의 강력한 전파자 역할을 했던 GE 조차도 제프 이멜타(Jeff Immelta)가 CEO가 된 이후에는 Vitality Curve가 아니라 경쟁보다는 협력으로, 퇴출보다는 기회를 주는 방식의 제도로 운영되고 있다.

지난 2001년 회계부정으로 파산한 엔론(Enron)에 대한 다양한 원인 분석도 강제 배분 방식에 대한 회의를 가져왔다. 당시 미국 7위 기업이었던 엔론은 하버드대나 스탠포드대 MBA 졸업자 가운데 최우수 졸업생을 끌어모았을 정도로 최고 인재 집단으로 평가받았다. 또한 엔론은 매년 직원을 5단계로 평가해 가장 낮은 단계의 평점을 맞은 15%를 해고하고, 우수 직원은 천문학적인 보너스를 지급하는 것으로 유명했다. 하지만 이러한 방식은 서로간 경쟁을 부추겼고, 소통을 꺼리고 끼리만 어울리는 정치적 문화, 나아가 거짓과 비윤리를 감수하고 개인의 탐욕을 채우도록 만든 것이다. 결국 강제 등급 방식을 통해 인력 차별화를 가져오고 이를 통해 기업 경쟁력을 확보하려는 시도가 오히려 독이 되어 기업 경쟁력을 떨어뜨리는 결과를 만든 것이다.

B Player의 중요성

하버드 경영 대학 교수인 토마스 드롱(Thomas DeLong) 등은 「Harvard Business Review」에 발표한 'Let's Hear It for B Player[3]'라는 논

https://hbr.org/2003/06/lets-hear-it-for-b-players   [3]

문을 통해 스타 플레이어에 대한 환상으로 인해 B 플레이어의 중요성을 무시하는 함정에 빠져서는 안된다고 경고한다. 나아가 경험적인 연구를 통해 회사의 장기적 성과에는 당장 큰 두각을 내지는 못 하지만 묵묵히 자기 역할을 수행하는 B 플레이어의 공헌이 훨씬 크다고 주장한다. 드롱(DeLong) 교수 등이 발견한 B 플레이어의 특징은 다른 사람의 주목을 끄는 것을 꺼려하고, 일과 삶의 균형을 중시하고, 경쟁보다는 화합을 중시한다. 반면 A 플레이어 직원은 새로운 기회를 즐기고, 자기가 부각되기를 바라고, 때로는 다툼을 만들기도 하고, 회사를 위해서가 아니라 자기의 가치를 높이는 데 치중하는 경향이 있다.

DeLong 교수 등은 B 플레이어를 4가지 유형으로 구분한다. 첫째, 'Recovered A players'로 스타 직원과 같이 우수한 성과를 보이고 뛰어난 역량을 지녔으나, 보통의 A 플레이어와 같은 경쟁적인 삶을 거부하거나 이를 극복한 직원이다. 둘째, 'Truth tellers' 집단으로 윗사람과의 관계를 정직과 사실에 근거하여 지속한다. 즉, 자기의 출세를 위해서 정치적인 술수나 타인을 희생시키지 않는 직원이다.

세째, 'Go-to people'로 다른 사람에게 조언을 주는 직원이다. 이들은 학력 혹은 전문성이 떨어졌으나 자신의 노력을 통해 부족한 부분을 채웠기 때문에 다른 사람을 도와주고 발전시킬 수 있는 직원이다. 끝으로, 나머지 B 플레이어는 'Middling people'로 특별히 좋지도 나쁘지도 않은 직원이다. 대개 이들은 뛰어난 경험과 기술을 보유하지는 않았지만 회사에 대한 충성도는 높은 편이다.

Netflix의 A급 인재 지향과 성공

기업의 절대 다수를 차지하는 B 플레이어 중요성이 크다면, 많은 기업이 스타급 인재를 영입하고 키우는 노력은 그다지 가치없는 투자였을까? 당연히 그렇지 않으며, A 플레이어는 반드시 존재하며 이들은 엄청난 성과를 만들어낸다. 최근 마이클 맨킨스(Michael Mankins) 등은 Harvard Business Review에 'Making Star Teams Out of Star Players[4]'란 제목의 논문을 발표했는데, 이들의 연구 결과에 따르면 Apple의 스타급 소프트웨어 엔지니어는 일반 직원에 비해 최소 9배 생산성이 높았으며, Nordstrom 백화점의 스타급 판매 직원은 일반 직원에 비해 최소 8배 실적이 높았다. 또한 이들의 연구 결과에 따르면 스타급 인재들이 하나의 팀이 되어서 서로 영향을 주고 받으면서 일할 때 가장 높은 성과와 시너지가 만들어진다는 것이다.

미국 실리콘밸리에 위치한 인터넷 스트리밍 기업인 넷플릭스는 스타 플레이어로 팀을 만들고 이를 통해 혁신적인 성과를 내는 좋은 사례이다. 미국 경영전문잡지인 「패스트 컴퍼니」가 2014년 최고 혁신 기업 5위로 선정한 넷플릭스는 조직 내 A급 인재가 어느 비중을 차지하느냐가 기업 성과를 만든다고 믿는다[5]. CEO인 리드 헤이스팅스(Reed Hastings)는

https://hbr.org/2013/01/making-star-teams-out-of-star-players [4]

소규모 창업 기업이 가졌던 혁신이 지속되지 못하는 결정적 이유는 기업 규모가 커지면서 A급 인재가 전체 직원 가운데 차지하는 비중이 떨어지기 때문이라고 믿는다. 결국 끊임없이 A급 인재를 채우고, 유지하고, A급이었다가 평범하게 된 직원을 새로운 스타 직원으로 교체하는 작업이 회사의 성공을 가져올 수 있기에 HR의 모든 제도도 여기에 맞춰져 있다.

넷플릭스 직원에게는 타 회사가 추종이 불가할 정도로 최고 수준의 급여를 제공하고, 휴가도 무제한으로 마음대로 사용할 수 있고, 직원 해고 시에는 두둑한 퇴직금을 챙겨주며, (이미 최고 인재이기 때문에) 사내 교육 프로그램도 별도로 운영하지 않는다. 이러한 제도의 배경에는 '위대한 일터는 탁월한 동료들'이라는 철학과 A급 인재는 이들과 일하는 것만으로도 충분한 성장을 할 수 있다고 믿기 때문이다. 이러한 내용을 담은 넷플릭스의 내부 문서였던 'Netflix Culture: Freedom & Responsibility'가 2011년 공개되었는데, 여전히 많은 기업의 지침이 되고 있으며 셰릴 샌드버그(Sheryl Sandberg) Facebook COO가 실리콘밸리에서 나온 가장 중요한 문서라고 극찬을 아끼지 않았다.

[5] 패스트 컴퍼니는 매년 THE WORLD'S MOST INNOVATIVE COMPANIES, 즉 세계 최고의 혁신 기업 50개를 선정해서 발표한다. 실리콘밸리에 본사를 둔 넷플릭스는 2014년 이후에도 최근까지도 선정되어 이름을 올리고 있다 (2015년 30위, 2016년 5위, 2017년 7위, 2018년 2위, 2021년 7위로 선정).

시사점: Differentiated or Inclusive Approach? Or Both?

그렇다면 기업 인력 운영은 어떻게 이뤄져야 하는 걸까? 역량과 성과에 따라 직원을 A player, B player, C player 등으로 구분해서 적극적으로 관리해야 하는지, 아니면 이와 같이 인위적이며 사후적인 구분 작업은 너무나 많은 오류와 비생산적인 경쟁을 발생시키기에 오히려 피해야 할 것인가? INSEAD 대학 교수인 귄터 스탈(Günter Stahl) 등은 기업 인력 운영 방식을 차별적 접근(the differentiated approach)과 포괄적 접근(the inclusive approach)으로 구분한다.

차별적 접근은 앞서 잭 웰치가 강조한 방식과 같이 A 플레이어에게는 더욱 많은 보상과 성장 기회를 주고, C 플레이어는 빠르게 퇴출시키는 방식이다. 반면, 포괄적 접근은 직원 간 차등을 두기 보다는 모든 직원의 협력과 동참을 이끌어내는 데 더 큰 가치를 둔다. 스탈(Stahl) 교수 등은 이 두 가지 접근이 둘 중 하나만을 선택해야 하는 상충되는 개념이 아니라 여러가지 요소를 고려해서 혼용할 수 있어야 한다고 주장한다. 그리고 최적의 답을 찾기 위한 방법론으로 '인재관리 Wheel 모델'을 통한 6가지 핵심 원칙을 제시한다 (그림 참조). 전략과 정렬(Alignment With Strategy), 내적 일관성 (Internal Consistency), 문화적 내재화 (Cultural Embeddedness), 경영층의 참여 (Management Involvement), 글로벌과 현지 니즈간의 균형 (Balance of Global and Local Needs), 차별화를 통한 고용 브랜드 (Employer Branding Through Differentiation)가 6가지 핵심 원칙을 구성한다.

인재 관리 Wheel 모델

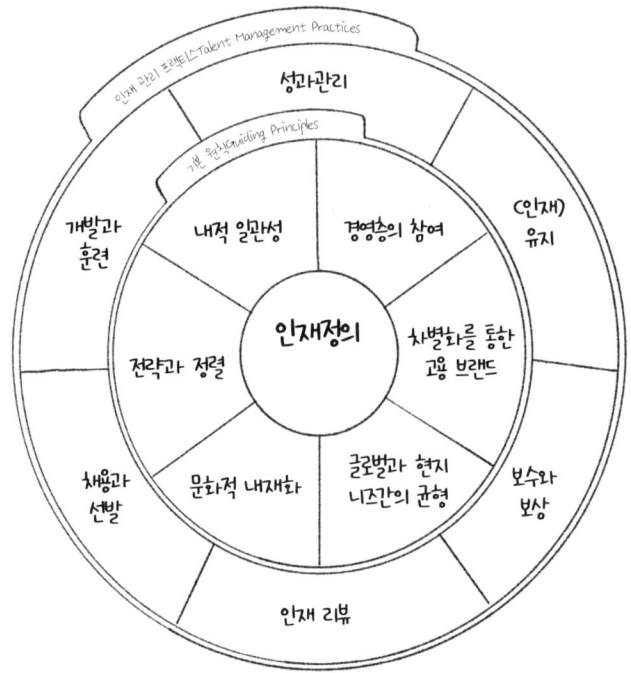

출처 : MIT Sloan Management Review, 2012

한 마디로 스탈(Stahl) 교수의 주장은 인력 운영과 talent 관리의 HR 제도는 조직 내 외부의 통합적인 이해와 가치 사슬(value chain)이라는 전체적인 관점에서 볼 때 최적의 답이 나온다는 의미이다. 미국 메이저리그에서 뉴욕 양키스의 구단 가치는 18년째 부동의 1위이며(2015년 「포브스」 발표에 따르면 32억 달러)[6], 1990년대부터는 소위 '악의 제국'이라고

---

[6] 2022년 「포브스」 발표에 따르면 뉴욕 양키스의 구단 가치는 60억 달러로 메이저리그 베이스볼 팀 가운데 1위를 유지하고 있다. 참고로 2위는 40억 달러의 LA 다저스이다.

불릴만큼 거액의 돈을 FA(자유계약) 시장에 쏟아 붇고 있다. 한마디로 각 포지션을 A급 선수로 채우고, 최고의 선수가 아니면 과감히 퇴출시키는 철저한 차별화 접근을 실시한다고 하겠다. 이에 양키스는 월드 시리즈 우승 27번(1990년대 이후 5번), 아메리칸 리그 우승 40번(1990년대 이후 7회)을 차지하였는데 북미 프로 스포츠 팀 역사상 이보다 더 많은 우승을 차지한 팀은 없다.

그렇다면 양키스의 접근이 답일까? 영화 '머니볼(Moneyball)'의 주인공인 빌리 빈 단장이 이끄는 오클랜드 에이스는 양키스와 정반대의 인력 운영을 하지만 또 다른 성공을 만드는 것으로 유명하다. 오클랜드 에이스는 잘 키운 스타 선수를 비싼 값에 트레이드하고 새 유망주를 받아오기에 항상 메이저리그 구단 가운데 최하위권의 페이롤을 기록한다(2015년은 30개 구단 가운데 27위)[7]. 하지만 철저한 데이타 야구와 팀 빌딩을 통해 오클랜드 에이스는 꾸준한 성적을 올리고 있다. 즉 오클랜드 구단은 대표적인 포괄적 접근을 통해 또 다른 성공의 역사를 만든다고 할 수 있다.

기업 인력 운영 방향을 고민하는 HR 담당자는 한 두가지 작은 사례에 경도되지 않았으면 한다. 나아가 이 모든 것을 일련의 과정으로 이해해야 한다. 오늘 날의 정답이 내일의 오답이 될 수 있는 것이다. 즉 오늘의 우리 회사는 뉴욕 양키스 방식이 맞을 수도 있지만, 내일은 오클랜드

[7] 2022년도 메이저리그 구단의 오클랜드 에이스 페이롤(급여총합) 순위는 전체 30개 팀 가운데 23위를 기록했다. 참고로 뉴욕 양키스는 뉴욕 메츠와 LA 다저스에 이어 3위를 기록했다.

에이스 방식으로 인력 운영을 해야지 앞서 소개한 인재 관리 Wheel이 가장 무리없이 돌아갈 수 있는 것이다.

끝으로 인간에 대한 이해가 인력 운영의 기반이 되어야 한다. 앞서 경쟁을 위해서 만든 forced ranking 제도가 직원 동기와 창의성을 해치고, 때로는 비윤리적인 행동까지 이르는 사례를 소개하였다. 결정적으로 인간의 본질에 대한 이해 부족이 자리하고 있다. 결국 인력 운영이란 사람이 사람을 대상으로 사람을 위해 이뤄지기에, 인간 본질과 행동을 제대로 이해하지 못하면 좋은 HR의 방향과 제도가 나오기 어렵기 때문이다.

10
GM과 GE, 그리고 HR[1]

최근 언론에 미국 제조업을 대표하면서 기업명의 첫 단어가 'General'로 시작하는 두 회사, GM(General Motors)와 GE(General Electric)의 경영난과 관련된 뉴스가 자주 등장하고 있다. 먼저 미국 자동차 기업의 상징인 GM을 살펴보자. 2018년 11월 26일 GM은 북미 5곳과 해외 2곳 등 전 세계적으로 7개 공장에 대해 가동 중단하고, 사무직 근로자 8천명을 포함해 북미 지역에서만 1만4000여 명의 인력을 정리할 방침이라고 밝혔다. 메리 배라(Mary Barra) GM CEO는 "자동차 산업은 전기차나 자율주행차 등으로 급격히 변화하고 있고, GM은 그곳에 적응해야 한다"면서 이번 구조조정에 대해 "선제적으로 비용을 절감하는 것"이라고 설명했다. 또한 "인력 감축은 내연기관을 가진 기존 전통차량 부문에

---

[1] 이 원고는 「월간 인재경영」 2019년 1월호에 'GM과 GE 그리고 HR'이라는 제목으로 게재되었다.

종사하는 인력이라면서 이런 인력 감축에도 불구하고 소프트웨어나 전기, 자율주행차 관련 전문가를 여전히 채용하고 있다"고 강조했다. 또한 "앞으로 2년간 전기차와 자율주행차 분야에 대한 투입자원을 2배로 늘릴 계획"이라고 밝혔다[2].

금번 구조조정은 미래에 대한 대비라는 배라 CEO의 적극적인 설명에도 불구하고 자동차 노조와 미국 정치권 반응은 싸늘했다. 전미자동차노조(UAW)는 "GM의 공장 가동중단 결정은 근로자 수천 명의 일손을 놓게 할 것"이라면서 "모든 법적 조치와 단체 교섭권 등을 통해 맞설 것"이라고 목소리를 높였다. 트럼프 대통령을 비롯해 여야의원들은 GM이 2006년 파산위기에 처했을 때 구제금융을 지원하고 미국인들이 힘을 합해 도왔다며 비난을 쏟아냈다. 특히 미국 자동차 산업 부흥을 강조했고, 러스트 벨트(Rust Belt, 미국 북동부 5대호 주변의 쇠락한 공장지대)의 지지에 힘입어 2016년 대선에 승리한 트럼프 대통령은 "미국이 GM을 구했는데 이런 식으로 감사 표시를 받게 됐다!"고 GM을 맹비난했다. 나아가 트럼프 대통령은 "전기차 프로그램을 포함한 모든 GM 보조금을 삭감하겠다"며 GM에 엄포를 놓았다.

이후 미국 언론은 트럼프 대통령의 협박과 이에 굴복하지 않는 모습

---

[2] 2021년 1월 28일 GM의 메리 배라 CEO는 "2035년까지 모든 생산 차량을 '전기차'로 전환하겠다"라고 발표했다. 이는 자동차 업계 최초로 휘발유나 디젤 엔진 자동차 생산을 전면 중단하겠다고 선언한 것이다.

HR 변화는 선택이 아니라 필수다!

의 배라 CEO에 집중하고 있다. CNN 등의 언론은 "GM의 경쟁사는 이제 전통적인 자동차 제조업체가 아닌 구글, 애플, 우버 같은 실리콘밸리 기업이 됐다"며 "자동차 산업의 대변혁기에 살아남기 위한 것"이라고 보도하면서 배라 CEO의 결단을 긍정적으로 해석했다. 동시에 메리 배라 CEO에 대한 기사도 많아졌다. 2014년 1월 GM CEO가 되면서 미국 자동차업체 사상 최초의 여성 경영자란 타이틀을 가진 배라 CEO는 전기공학을 공부하던 18살 때 인턴사원으로 GM에 입사해 39년을 GM에서 근무한 특이한 경력을 지닌 인물이다.

미국 경영잡지인 「Chief Executive Magazine」 조사에 따르면, 배라 CEO와 같이 내부 직원 가운데 미국 기업 CEO된 경우에 처음부터 회사에 근무한 경우는 30% 정도에 그치기 때문이다. 한편 주로 생산라인 엔지니어로 근무했던 배라 CEO는 2009년 글로벌 HR 임원(정확한 타이틀은 Vice President of Global Human Resources)으로 임명되었다. 이때 언론에 회자된 흥미로운 일화는 복장규정(Dress Code)에 대한 변화였다. 당시 GM의 HR은 직원들의 다양한 니즈와 필요성을 다 반영하기 위해서 10페이지가 넘는 복장규정을 만들었다. 이에 HR 리더였던 메리 배라는 이를 싹 없애고 딱 두 글자만 남겼는데, 그 두 글자는 'Dress appropriately', 즉 '적절하게 입어라'였다. 현재까지 배라 CEO에 대해서 GM에 만연했던 관료주의를 타파하고 구조조정을 성공적으로 이끌었다는 평가가 지배적이다. 사업 실적도 좋게 나타나고 있다. 2018년 3분기 실적도 매출액은 357억9000만 달러, 주당 순이익은 1.75달러로 시장 예상치보다 모두 높게 나왔다[3].

　　GM에 대한 시장의 우려는 주가이다. GM은 지난 4년간 주가를 부양하겠다며 139억달러에 이르는 거액을 들여 자사주를 매입했는데, 2010년 뉴욕증시 재상장 당시 기업공개에서 거둔 주가인 33달러에서 크게 올라가지 못하고 있다[4]. 주가의 측면에서 미국의 대표적 제조사이자 126년의 역사를 자랑해온 GE의 하락은 어지러울 정도로 급격하다. GE 주식은 2017년만 해도 30달러를 웃돌았는데 2018년 12월 12일에는 6.71달러까지 떨어졌다[5]. GE의 가장 큰 문제는 실적 하락이다. 지난해 GE의 3분기 매출액은 전년 같은 기간보다 3.6% 감소한 296억 달러, 228억 달러 적자를 각각 기록했다. 적자 규모는 분기 기준으로 사상 최대였다.

[3] GM의 매출은 2016년 1663억 달러를 정점으로 하락세를 기록했다. 2020년 1224억 달러까지 떨어졌다가 2021년은 1270억 달러로 전년대비 3.69% 증가를 기록했다. GM의 연도별 주당 순이익도 2018년 5.53달러, 2019년 4.57달러, 2020년 4.33달러로 하락세를 이어가다가 2021년 6.70달러로 반등을 했다.

[4] 2010년 GM의 연말 기준 시가총액은 553억 달러를 기록했다. 이후 10년이 지난 2020년 시가총액은 596억 달러를 기록하여 별다른 성장을 보여주지 못했다. 같은 기간 연말 종가 기준 S&P 500 지수는 2010년 1,257.64에서 3,756.07로 199%로 성장했다는 점을 고려하면 GM에 대한 시장의 전망이 매우 부정적임을 시사한다.

[5] GE의 시가총액 감소는 경영학 사례가 될 정도로 충격적이다. 2001년 GE의 연말 기준 시가총액은 3,982억 달러로 미국 전체 1위를 기록했다. 이후 점점 하락하여 2010년에는 1,941억 달러로 내려왔고, 2020년에는 946억 달러로 주저앉았다. GE의 추락은 2008년 글로벌 금융 위기 때 핵심 산업인 GE 캐피털이 크게 흔들리면서 시작되었고, 2018년 6월 다우존스 산업 평균 지수에서 탈락하는 수모를 겪었다.

HR 변화는 선택이 아니라 필수다!

주당 순이익도 시장 예상치였던 20센트에도 크게 못 미치는 14센트에 그쳤고 전년 동기 대비 33% 감소했다. 이에 신용평가사 무디스와 피치, 스탠다드앤푸어스(S&P)는 GE의 신용등급을 2단계 하향조정했다. 결국 GE는 2019년 분기 배당금을 주당 12센트에서 1센트로 줄이기로 했다. 계속되는 실적악화로 119년 전통의 배당금을 없애지는 못하고 최소한의 시늉만 낸 것이다.

지난해 내내 실적악화와 주가급락이 반복된 GE는 작년 10월 1일 존 플래너리 CEO를 불과 1년여만에 경질했고 이사회 멤버인 로렌스 컬프(Lawrence Culp)를 새 CEO 및 회장에 선임했다. 이로 인해 16년간 GE를 이끌어 온 제프리 이멜트 전 CEO에 이어 2017년 8월부터 구원투수로 등판한 플래너리 전임 CEO는 최단임기 수장으로 남게되었고, 컬프 CEO는 외부인 출신으로 첫 번째 GE의 CEO가 되었다[6]. GE의 몰락에 대해서 전문가들은 무분별한 사업 확대에 대한 냉혹한 심판으로 보고있다. CNN은 "GE는 영화, 전자레인지, 모기지 대출, MRI 기계, 기관차까지 모든 사업에 손을 댔고 결국 산더미 같은 빚을 떠안았다"며 "투자자들은 GE로 대표되는 복합기업 모델에 염증을 느끼고 있다"고 지적했다. 이에 GE는 전력, 항공, 신재생 에너지 부문을 제외한 나머지 분

---

[6] 2018년 9월, GE는 126년 역사상 처음으로 외부 출신의 로렌스 컬프, 다른 이름으로 래리 컬프(Larry Culp)를 CEO로 선임했다. 래리 컬프는 GE의 이사회 멤버였고, 그 전에는 다나어 코퍼레이션(Danaher Corporation)에서 2001년부터 2014년까지 CEO를 지냈다. 이후 재계를 은퇴를 한 상태에서 14개월 임기에 그친 전임 존 플래너리에 이어 CEO로 발탁되었다.

야의 분사가 진행 중이고, 경영구조도 전면 개편하는 등 강도높은 구조조정이 진행되었다.

한때 미국 기업의 아이콘이었던 GE가 추락한다는 뉴스를 접할 때마다 HR에 있는 필자는 씁쓸한 안타까움을 느낀다. 경영의 신으로 불렸던 잭 웰치가 1981년부터 2001년까지 GE의 CEO를 맡는 기간 동안 시가 총액은 26배, 매출액은 5배, 순이익은 8배로 높이는 성과가 나타났다. 이에 당시 글로벌 컨설팅 회사에서 HR 컨설턴트로 일했던 필자에게 GE의 경영기법은 모든 기업에게 적용되는 교과서적 기준이었다. 평가제도를 설계할 때는 'Vitality Curve'라고 불렸던 GE의 강제배분에 기반한 상대평가 제도를 맹목적으로 지지했고, 인재 육성 이슈를 다룰 때면 GE의 '세션C'와 크로톤빌 연수원은 언제나 올바른 지침이라고 생각했다. 액션러닝(Action Learning), 스왓(SWOT) 분석, 360도 평가, Best Practice 등도 GE의 이름으로 반드시 도입해야 하는 제도로 자주 언급했었다.

15년가량 지난 시점에서 GE 추락 소식을 접하면서 두 가지 생각을 지울 수 없다. 먼저 그 내용이 아무리 좋은 HR 제도도 경영환경 변화를 반영하지 못하면 독이 될 수도 있다는 사실이다. GE의 상대평가 제도는 과도한 경쟁, 팀웍 저해, 위험회피적 행동 장려 등의 비판이 많았지만 2015년이 돼서야 폐지되었다. 끝으로 기업도 생명체와 같이 개방을 거부하고 다양성을 높이지 않으면 도태된다는 점이다. GE는 인재사관 학교로 불리며 주요 기업의 CEO를 배출하는 기관으로 유명했다. 하지만 금번 위기에 GE를 구출할 역할은 내부에서 육성한 인재가 아닌 외부에서 영입된 로런스 컬프 CEO에게 주어졌다. 어쩌면 지나치게 내부 중심의 GE 문화가 변화에 대한 저항을 만들지 않았을까 생각하면서, 신임 컬프 CEO의 회생 노력이 성공하여 또 다른 GE 신화를 보기를 기대해 본다.

실리콘밸리의 두 얼굴 – 성차별 이슈와 성평등을 위한 노력

제임스 다모어 사건

지난 2017년 8월 실리콘밸리가 성차별 이슈로 크게 들썩인 적이 있다. 사건은 구글의 소프트웨어 엔지니어였던 제임스 다모어(James Damore)가 '구글의 이상적인 메아리 방(Google's Ideological Echo Chamber)'라는 제목으로 사내 게시판에 남긴 10쪽짜리 메모에서 시작했다. 그리고 이 글을 IT 블로그 기즈모도(Gizmodo)가 보도하면서 외부에 알려졌는데, 그 내용이 꽤 충격적이다. 다모어의 글을 요약하면 "남녀의 생물학적 차이가 IT 기업 내에서 여성의 지위가 낮은 이유를 설명해 준다. 여성은 신경질적이라 스트레스 강도가 높은 일에 종사하기 어렵다. 구글은 생물학적 차이를 무시한 채 여성 편만 드는 좌

편향적인 기업이다"이다. 이러한 황당한 주장이 알려지면서 많은 사람이 분노했고, 구글은 "그의 행동은 구글의 가치에 어긋나는 것이다"라는 성명을 발표한 후 다모어를 즉각 해고했다. 이렇게 비이성적인 사고를 하는 성차별주의자를 해고하면서 사건이 끝나는 줄 알았는데 그렇지 않았다. 이 사건은 엄청난 논쟁과 긴 법적 분쟁의 시작이 되었다.

이후 다모어 이슈는 구글이 미국 수정헌법 제1조에 명시된 '표현의 자유'를 침해한 것 아니냐는 논란으로 확대되었다. 구글이 회사의 이념과 다른 견해를 드러낸 직원을 해고하는 것이 정당한 것인지, 즉 기업이 개인의 표현의 자유를 해고하는 수단으로 침해한 것은 아닌지에 대한 논쟁으로 번지게 된 것이다. 다모어 본인도 직접 월스트리트저널에 '내가 구글에 의해 해고된 이유(Why I Was Fired by Google)'란 제목의 칼럼을 실어서 해고의 부당성을 호소했다.

다모어는 칼럼에서 "에코 챔버는 가정에서든, 직장에서든 반대 의견을 막아선다"라고 구글을 비판했다. 에코 챔버(Echo Chamber), 즉 '메아리 방'은 소리가 반영되는 밀폐된 공간인데, 은유적으로는 자신의 가치관이나 신념에 부합되는 정보에만 주목하고 그 외의 정보는 무시하는 확증편향 현상을 가리킨다. 다모어는 "구글 경영진은 내가 작성한 메모를 왜곡하려했지만, 외부에 공개되면서 성 차별주의와 반다양성 선언에 대한 문제를 해결해야 하는 상황에 직면했다. 구글이 공개적이고 정직한 토론을 막은 것이 슬프다. 다양성 정책과 기업 문화에 대해 제기된 문제를 계속해서 무시한다면 구글 직원은 물론 수십억의 사용자를 실망하게 될 것이다"라고 비판했다.

구글은 "Don't be evil", 즉 '사악해지지 말자'라는 기업 철학으로 유명했다. 한때는 구글이 이 모토를 없앴다는 기사가 나왔지만 실은 다르게 표현되어 있다. 예전에는 구글 행동강령인 Code of Conduct 첫머리를 "Don't be evil"로 시작했다면 지금은 마지막 문장에 사용하고 있다. "And remember…don't be evil, and if you see something that you think isn't right – speak up! (그리고 기억하자…사악해지지 말자고. 만약 네가 생각하기에 뭔가 잘못된 일을 보게 되면, 주저 없이 의견을 말해라)" 맨 처음에서 맨 끝으로 갔지만 보기에 따라서 더 중요하다고 강조하는 느낌도 든다.

다시 다모어 사건으로 돌아가면 구글이 다모어를 해고하는 근거는 바로 사악해지지 말자는 행동강령에 대한 위반이었다. 반면 다모어는 구글이 "Don't be evil"을 믿는 독실한 신도를 만들어내고 있고 자신은 여기서 이단이 되었다고 주장했다. 그리고 다모어는 이슈를 법적 소송으로 이어갔다. 2018년 1월 제임스 다모어는 비슷한 사유로 2016년 해고된 데이비드 굿맨(David Gudeman)과 함께 산타클라라 고등법원에 집단 소송을 제기했다. 이들은 "보수적인 정치적 견해와 백인 남성이라는 태생적인 이유로 배척당하고, 업신여겨지고, 처벌받았다"라고 주장하며 구글을 법정으로 끌어들였다.

당시 실리콘밸리에서는 다모어 사건에 대해서 여러 의견이 분출했었다. 처음에는 다모어의 성차별 반언에 대한 비판이 주를 이뤘지만, 시간이 지나면서 '표현의 자유' 논란이 커지게 된 것이다. 당시 많은 사람이 자신도 생각했지만 차마 말하지 못했던 논의를 수면 위로 끄집어내 주었다면서 제임스 다모어의 주장을 지지하였고, 해고가 부당하다며 제임스 다모어를 위한 기금 모집까지 생겨났다.

「뉴욕타임즈」와 같은 진보적 성향의 매체는 직원이 자기 생각을 공유했다는 이유로 엄청난 욕을 먹고 회사까지 해고되었다는 사실이 구글의 이념적 폐쇄성을 나타내는 사례라는 비판을 제기하였다. 「뉴욕타임즈」는 한발 더 나아가 다모어 사건에 대해서 'The Culture Wars Have Come to Silicon Valley'라는 기사를 통해 좌우의 문화 전쟁이 실리콘밸리로 옮겨졌다고 분석하였다. 그리고 그 핵심에는 다양성을 배제한 백인 중심적인 미국을 주장한 도널드 트럼프가 대통령에 당선됨으로써 '반 실리콘밸리적' 가치관을 갖는 이들에게도 말할 자격을 부여했기 때문이라고 지적하였다.

다모어와 굿맨이 제기한 소송은 어떻게 되었을까? 기즈모도의 보도에 따르면 2018년 초 미국 노동관계위원회(National Labor Relations Board)는 "구글을 비판한 다모어 언급은 법적으로 보호받아야 한다 하지만 다양성에 대한 다모어의 언급은 법적 보호 대상이 아니다. 궁극적으로는 다모어를 해고한 행위는 회사의 권한 내에 있다"라는 판단을 내린 것이다. 하지만 산타클라라법원은 이 사건을 기각해 달라는 구글의 요청을 거부했다. 결국 이 사건은 2018년 10월 다모어와 굿맨이 소송을 취하하는 대신 '사설 중재(private arbitration)'를 진행하기로 합의했으며, 11월에 합의에 이른 것으로 보도되었다. 구글과 다모어는 어떠한 내용으로 합의했는지 그리고 구글이 합의금을 지급했으면 얼마를 했는지 등은 공개되지 않아서 알 수 없다.

성차별은 존재하는가?

실리콘밸리는 인구 구성 측면에서 남성이 여성을 크게 초과하는 남초 지역이다. 이러한 환경에서 구글의 전직 엔지니어였던 다모어가 자신이 백인, 남성으로 역차별받았다는 주장이 일반적인 상식과 벗어나서 주목받았을 수 있다. 반대로 실제 여성이 차별받는다는 주장, 나아가 법적 분쟁은 뉴스 기사가 되지 않을 정도로 많이 발생하고 있다. 다시 구글의 사례를 들어보자. 2017년 9월 전직 구글 여성 직원 3명이 성별에 따른 임금 차별을 당했다며 샌프란시스코 고등법원에 구글을 상대로 소송을 제기한 적이 있다. 소송 원고 가운데 한 명인 켈리 엘리스(Kelly Ellis)는 지난 2010년 입사 당시 4년 경력에도 신입사원에 해당하는 '레벨 3'가 주어졌으나, 비슷한 시기에 입사한 동일 조건의 남성 직원은 '레벨 4'에 배정됐다고 주장하며 소송을 제기했다. 구글은 "여성을 차별했다는 주장을 인정할 수 없다"라는 견해를 밝혔고 소송에 대응했다. 2017년 12월 샌프란시스코 고등법원은 "원고가 구글 여직원을 대표해 제기한 집단 소송이 너무 모호하다"라며 소송을 기각해 구글의 손을 들어줬다.

그럼 켈리 엘리스가 주장했듯이 남녀 간 임금 차이는 존재할까? 2019년 미국 여론조사 기관 퓨 리서치 센터가 발표한 보고서에 따르면 미국의 성별 보상 차이는 85%, 즉 남성이 1달러를 벌면 여성은 85센트를 버는 것으로 나타났다. 이러한 차이는 1980년 남녀 간 격차인 64%에서 줄어든 모습이지만 지난 15년 동안에는 별다른 향상 없이 정체되어 있다. 한편 25세~34세 사이에서 성별 보상 차이는 89%로 나타나 전체 나이보다 다소 줄어든 모습이지만 여전히 전 세대에 걸쳐서 차이가 존재함을 보여주었다.

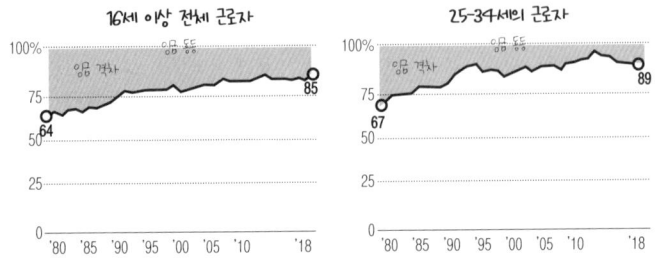

퓨 리서치 (Pew Research)의 gender pay gap 분석, The narrowing, but persistent, gender gap in pay, Pew Research Center, 2019

퓨 리서치 자료는 미국 전체의 상황을 보여주지만, 실리콘밸리도 남녀 간 임금 격차, 즉 gender pay gap을 보여주는 여러 통계와 데이터가 발표되었다. 2018년 비즈니스 및 기술 전문 뉴스 사이트인 「비즈니스 인사이더」는 스태티스티카(Statistica)의 자료를 분석한 보도를 발표했는데, 실리콘밸리 지역인 프리몬트, 샌프란시스코, 산호세의 gender pay gap이 각각 22%, 18%, 17%로 다른 IT 산업이 있는 도시들보다 훨씬 높게 나왔다. 가령 테슬라 생산 라인이 있는 프리몬트 지역의 IT 여성 근로자는 남성보다 22%의 급여를 적게 받고 있다고 하겠다.

성평등을 위한 노력

미국에서 남녀 간 임금 격차가 분명히 존재하지만 동시에 이를 없애기 위한 노력도 실리콘밸리 기업들이 주도하고 있다. 남녀가 임금 차이를 줄이려는 노력, 세련된 표현으로는 '성별 보상 형평성(gender pay equity or gender pay parity)'을 달성하

IT 분야의 주요 도시별 성별 임금 격차

City	Gender pay gap	Income after housing fees
US average	16%	53.6K
Kansas City, MO	-2%	57.4K
New Orleans, LA	1%	42K
Indianapolis, IN	1%	50.9K
Tucson, AZ	3%	41.3K
Albuquerque, NM	4%	53.2K
Philadelphia, PA	6%	49K
Houston, TX	6%	56.2K
Omaha, NE	6%	51.5K
Denver, CO	8%	55.2K
Jersey City, NJ	8%	61.3K
Washington, D.C.	9%	56.2K
Louisville, KY	11%	44.6K
Honolulu, HA	11%	39.9K
San Jose, CA	17%	74.7K
San Francisco, CA	18%	65.8K
Fremont, CA	22%	65.2K

「비즈니스 인사이더」에 소개된 IT 분야의 주요 도시별 성별 임금 격차 ("Silicon Valley's pay gap between women and men in tech is so wide it increases the national average, Business Insider, 2018년 5월 4일 기사)

려고 많은 실리콘밸리 테크 기업이 노력하고 있다. 실리콘밸리 산호세 다운타운에 본사가 위치한 그래픽 및 영상 소프트웨어 전문기업 어도비(Adobe)는 성별/인종 간 보상 차이를 줄이는 데 매우 모범적인 사례이다. 어도비는 2016년 6월부터 미국 내 급여 자료를 공개했고 이때 백인과 유색인종 간에 급여 차이가 없다고 발표했다. 2017년 12월에는 미국 내 남녀 직원 간 임금 격차가 없다고 공식 선언했고, 2018년 10월에는 전 세계 약 40개국에서 gender pay parity를 달성했다고 발표했다.

어도비는 2019년 9월 pay parity를 넘어서 opportunity parity를 발표했는데 이는 직장 내 승진에서 남녀 간, 인종 간

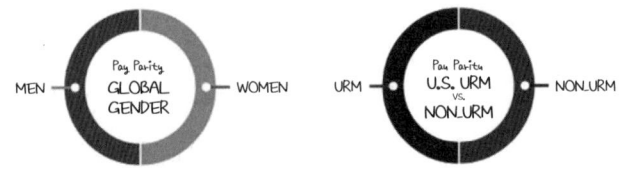

어도비(Adobe) 홈페이지에 실린 성별 및 URM(Underrepresented minorities, 대표자가 불충분한 소수 집단)과 다수 집단 간 Pay Parity 달성을 알리는 이미지

차별이 없다는 선언이다. 어도비 발표에 따르면 2019년에 전 세계 어도비 직원 남녀의 승진율은 15.0%와 14.8%로 차이가 없었으며, 미국에서 백인과 유색인종 간의 승진율도 차이가 없는 것으로 나타났다. 실리콘밸리에서는 어도비 외에도 애플, 세일 스포츠, 인텔, 알파벳, 시스코, 이베이, 페이스북, 갭, 트위터, 페이팔 등의 기업이 성별 임금 격차를 없앴다는 공식 발표를 이어가고 있다.

이전 직장의 급여를 물어보지 말아라.
Salary History Ban

실리콘밸리처럼 기업 간 인력 이동이 심한 곳에서는 채용 업무는 기업 운명을 좌우할 정도로 매우 중요하다. 그리고 채용 과정에서 가장 까다로운 부분이 임금 협상이다. 고용인과 피고용인 사이 합리적인 수준에서 서로 만족할 수 있는 임금을 결정해야 하는데, 그 합의점을 찾는데 때로는 많은 대화와 시간이 소요되기도 한다. 이러한 임금 협상 과정에 큰 변화를 만든 법안이 'Salary History Ban' 즉 현재나 과거 직장에서 얼마의 급여를 받고 있었는지를 물어보는 것을 금지한 것이다. 예전에는 현재 직장에서 얼마를 받고 있는지가 임금 결정에 중요한 판단 근거가 되었는데, 이제는 그 정보를 지원자가 자발적으로 밝히지 않는 이상 가질 수 없게 된 것이다. 대신 지원자에게 기대하는 급여 수준이 어느 정도인지는 물어볼 수 있다.

실리콘밸리가 속한 캘리포니아주 정부는 2018년 1월 1일부터 'Salary History Ban'을 실행했고, 뉴욕주나 오리건주 등 다른 주 정부 혹은 시 정부에서 같은 법안 도입이 늘어나고 있다. 그럼 이러한 법안이 만들어진 취지가 무엇일까? 그 핵심은 남녀 간 임금 차별을 없애기 위해서이다. 즉 전 직장에서 차별적으로 받았던 급여로 인해 현재 벌어져 있는 남녀 간 임금 차이가 새로운 직장에서도 계속 이어지는 폐혜를 막겠다는 의도이다. 나아가 어떤 역할과 어떤 직무를 하는지에 따라서 보상을 결정하라는 취지로 보상 결정의 투명성과 공정성을 높여야 한다는 취지이다. 현장에서 HR을 운영하는 필자의 경험으로는 'Salary History Ban'은 임금 결정 과정에서 일부 불편함을 초래하기도 하지만 나름 그 취지를 살릴 수 있는 제도이다. 과거보다 더욱 지원자의 업무 경력, 직무 적합성, 공신력 있는 보상 데이터 등이 임금 결정에 주요한 변수가 되는 것이 사실이기 때문이다.

여행 Tip

무어의 법칙을 만나자

Intel Museum

● ●

1968년 고든 무어(Gordon Moore)와 로버트 노이스(Robert Noyce)가 창업한 인텔은 2018년 기준으로 매출 708억 달러에 전 세계 10만 7천 명이 넘는 직원이 근무하는 거대 기업이다. 산타클라라 인텔 본사 건물 1층에 있는 인텔 뮤지엄(Intel Museum)은 규모는 작지만 전 세계 시스템 반도체 1위 기업의 역사를 감상하기에 충분한 구경거리를 제공한다. 먼저 TV나 신문에서 자주 들었던 무어의 법칙(Moore's Law)을 소개하는 코너가 눈에 띄었다. 무어의 법칙은 반도체 집적회로의 성능이 2년마다 두 배로 증가한다는 경험적 예측으로 이는 고든 무어가 1965년 로버트 노이스의 「일렉트로닉스 매거진(Electronics Magazine)」에 기고한 논문에서 시작되었다. 처음에는 마이크로칩 성능이 1년마다 두 배씩 늘어날 것이라고 주장했는데 1975년에 주기를 2년으로 수정했다고 전해진다. 실제 인텔은 이후 40년 동안 무어의 법칙에 맞춰서 반도체의 집적도를 18개월 혹은 24개월에 두 배씩 향상해 오면서 반도체 업계를 선도하며 기술 리더십 우위를 지켜왔다.

무어의 법칙(Moore's Law)에 대한 설명

창업자 로버트 노이스의 명언

하지만 2000년대 하반기부터는 공정 미세화가 한계에 다다르면서 2년에 두 배라는 법칙이 깨지기 시작했고 언론이나 기업 분석가들은 이를 두고 무어의 법칙이 한계에 달했다고 표현했다. 인텔 뮤지엄은 인텔의 또 다른 창업자 가운데 한 명인 로버트 노이스가 걸어온 삶에 대한 소개에 많은 공간을 할애하고 있다. 실제 뮤지엄이 있는 본사 건물 이름도 'Robert N. Noyce Building'이다. 뮤지엄에 들어가면 한쪽 벽에 로버트 노이스의 멋진 명언이 새겨져 있다. "Don't be encumbered by history. Go off and do something wonderful (역사에 갇히지 말아라. 뭔가 멋진 일을 바로 시도해라)"는 실패를 두려워하지 말라는 실리콘밸리 정신을 잘 표현한다고 하겠다.

창업자 로버트 노이스의 생애에 대한 소개

HR 변화의 현실적 적용 3

HR 변화의 필요성에는 동의하더라도 실제 세부 HR 제도에서
의미 있는 변화를 설계하고 실행하는 것은 또 다른 도전이다.
실제 많은 기업이 실행에서 길을 잃고 만다.
3부에서는 현장에서 어떻게 HR 제도를 적용할지를
여러 HR 사례를 통해서 살펴보고자 한다.
HR 제도는 기존에 만들어진 하나의 정답을 선택하기보다는
조직이 처한 환경과 맥락에 따라서 맞는
답을 만들어가는 과정이며 그 결과물이다.

11

상대평가와 절대평가, 누가 더 나을까?[1]

최근 들어 기업 경영에서 HR이 자주 회자되는 상황이다. 특히 미국에서는 1990년대부터 학계를 중심으로 주장된 전략적 HRM(Strategic HRM)이 현장에서는 여전히 큰 괴리를 두고 정착되고 있지 않다는 비판의 목소리가 크다. 이를 잘 나타내듯 올해 7월~8월호 「하버드 비즈니스 리뷰(Harvard Business Review)」 "It's time to blow up HR and build something new(과거의 HR을 날려버리고 이제는 뭔가 새로운 것을 만들어야 한다)"라는 다소 선정적이고 과격해 보이는 표지 제목을 제시했다.

저자인 와튼 스쿨 경영대학 교수인 피터 카펠리(Peter Cappelli)는 미국 기업 내 HR이 지나치게 관리적이고 일상적인 업무에 치우쳐 기업 경영에 전략적인 가치를 주지 못한다는 비판과 더불어 어느 분야에서 HR이 공

---

[1] 이 원고는 HR Insight 2015년 10월호에 '절대평가 vs 상대평가 어느 쪽의 손을 들 것인가'라는 제목으로 게재되었다.

헌할 수 있는지를 제시하였다. 카펠리 교수는 인력감축(layoff), 채용(recruiting), 유연한 근무계획(flexible work arrangements) 등을 제시하였고, Performance Management, 즉 성과관리도 HR이 사람에 대한 이해를 바탕으로 기업 경영에 이바지할 수 있는 중요한 분야로 지적하였다.

「Managing Per formance: Per formance management in action」(2004)의 저자인 마이클 암스트롱(Michael Armstrong)과 앤젤라 배론(Angela Baron)은 성과관리를 "높은 수준의 조직 성과를 달성하기 위해 개인과 집단의 효과적 관리에 도움을 주는 과정"으로 정의한다. 또한 성과관리는 "조직 내 무엇이 달성되어야 하는지에 대한 공동의 이해 과정을 만들고 나아가 이를 가능하게 하는 사람을 이끌고 개발한다"라고 설명하고 있다. 이와 같은 성과관리에 대한 정의는 특별히 다른 관점을 가지고 있지 않은 한 기업 조직 내 보편적 공감에 기반한 당위적 전제다. 그렇다면 성과관리의 핵심 부분을 차지하는 평가제도는 반드시 '조직 성과를 달성하고, 공동 목표에 대한 집단적 이해를 형성하고, 구성원의 역량을 발전' 시킬 수 있도록 설계되어야 하고 이에 맞게 운영되어야 한다. 문제는 많은 기업에서 평가제도가 이러한 상위 목표에 부합하지 않고, 과거의 관성, HR 편이성, 때로는 일부 경영자의 이해관계에 충실한 제도로 변질하여 운영된다는 사실이다. 본 글에서는 최근 미국 HR에 뜨거운 주제인 절대평가와 상대평가의 이슈, 특히 강제 등급(forced ranking)을 기반으로 한 상대평가 제도, 그리고 이이 따른 HR의 도전과 개선 방향을 살펴보고자 한다.

강제 등급 평가의 확산

미국에서 상대평가 제도는 forced ranking(강제 등급), forced distribution(강제 배분), rank and yank(등급 후 퇴출, GE의 잭 웰치 방식을 언급할 때 쓰임), 혹은 stack ranking(스택 랭킹) 등으로 불리는데, 기본적인 철학은 인력 차별화를 통한 경쟁력 확보이다. 인력 차별화가 기업 경쟁력을 높인다는 사고의 기반에는 '80대 20' 룰로 잘 알려진 파레토 원칙(Pareto principle)이 자리하고 있다. 파레토 원칙은 20%의 인구가 전체 부의 80%를 차지하고 있다는 경제학적 발견이지만, 이를 기업 경영 맥락에 적용하여 20%의 뛰어난 소수 인재가 80%의 기업 가치를 창출하기에 뛰어난 인재 집단, 즉 A급 인재를 얼마나 보유하는지가 기업 성패의 핵심으로 확장되었다.

이를 대표적으로 실현한 미국 기업은 잭 웰치 리더십 아래의 GE이다. 1981년부터 2001년까지 GE의 CEO로 재직할 당시 잭 웰치는 바이탈리티 커브(Vitality Curve)라고 불리는 상대평가 제도를 통해 조직원을 20%의 A player, 70%의 B player, 10%의 C player로 구분해 상위 20% 인재에 대해서는 충분한 보상과 발탁을 통해 리더로 육성하였고, 하위 10%는 상시 정리하는 HR 시스템을 구축하였다. 잭 웰치가 GE를 맡은 기간 동안 기업의 시가 총액은 26배, 매출액은 5배, 순이익은 8배로 오르는 성과가 나타나면서, 미국 기업들은 앞다퉈 유사한 형태의 평가제도를 도입하기에 이른다.

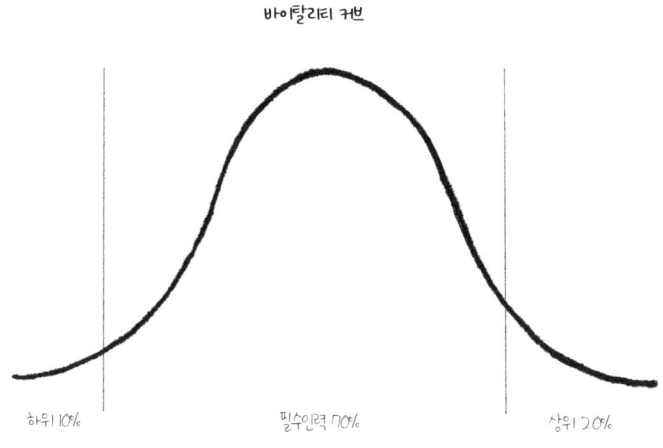

바이탈리티 커브

하위 10%   필수인력 70%   상위 20%

GE의 성공 사례에 기반해 상대평가는 1990년대부터 2000년대 후반까지 미국 기업에 강력한 유행을 만들어 낸다. 2009년 i4cp(Institute for Corporate Productivity)의 조사에 따르면 미국 기업의 약 49%가 상대평가를 사용하는 것으로 조사되었고, 2012년 Wall Street Journal에 따르면 「포춘(Fortune)」 500 기업의 약 60%가 강제 등급 방식의 상대평가를 사용했거나 사용하는 것으로 보고되었다. 최근 「Harvard Business Review」에서 강제 등급에 대한 비판적 논문이 많이 실리고 있지만 (2015년 6월호에는 'How Deloitte Killed Forced Rankings'이라는 제목의 원고가 게재됨), 흥미롭게도 10년 전 같은 저널에서 'Forced Ranking: Making Performance Management Work (2005)'라는 북 리뷰를 통해 A, B, C 플레이어를 구분하게 만드는 상대평가 제도는 관리자의 관대화 경향을 막을 수 있는 세련된 프로세스로 소개된 바 있다.

강제 등급 평가의 쇠퇴

한때 HR 분야에 전염병처럼 번졌던 강제 등급 평가제도는 실패 사례가 축적되고 이를 분석한 기사, 논문, 저술이 쏟아지면서 최근 몇 년 사이 매우 감소하는 추세이다. 2013년 미국 HR 전문 협회인 WorldatWork의 조사에 따르면 미국 기업의 약 12% 정도만 이 방식을 유지한다고 보고하였고, 경영 잡지인 「포춘」 보도에 따르면 강제 등급을 사용하는 기업이 최근 몇 년 사이 42%에서 14%로 감소한 것으로 나타났다. 「포춘」은 특히 성과가 뛰어난 기업에서 강제 등급 평가를 없애는 경향이 두드러진다고 덧붙였다. 심지어 강제 등급의 강력한 전파자 역할을 했던 GE조차도 제프 이멜타(Jeff Immelta)가 2001년 CEO가 된 이후에는 바이탈리티 커브(Vitality Curve)가 아니라 경쟁보다는 협력으로, 퇴출보다는 기회를 주는 방식으로 평가제도를 운용하고 있다[2].

한편 지난 2001년 회계 부정으로 파산한 엔론(Enron)에 대한 다양한 실패 분석 가운데 상대평가에 따른 폐해도 종종 언급되곤 한다. 당시 미국 7위 기업이었던 엔론은 하버드대나 스탠퍼드대 MBA 졸업자 가운데 최우수 졸업생을 끌어모았을 정도로 최고 인재 집단으로 평가받았다. 또한 엔론은 매년 직원을 5단계로 평가해 가장 낮은 단계의 평점을 받은

---

[2] 2015년 지난 30년간 운영하던 10% 인력을 정리하는 Vitality Curve 제도를 폐지한다고 발표했다. 이후 GE는 1년에 한 번 하던 인사평가를 연중 상시 평가로 바꾸고, 상대 평가제는 개인별 절대평가로 전환했다. 20세기 기업 경영에 가장 큰 영향을 주었던 전임 잭 월치 CEO의 유산이 사라지는 순간이었다.

15%를 해고하고, 우수 직원에게는 천문학적인 보너스를 지급하는 것으로 유명했다. 하지만 이 제도는 서로 간 지나친 경쟁을 부추겼고, 소통을 꺼리고 끼리만 어울리는 정치적 문화, 나아가 거짓과 비윤리를 감싸고 개인 탐욕을 허용하는 타락한 조직 문화의 원인으로 지목되었다. 엔론의 몰락에 강제 등급의 평가제도가 어느 정도 설명력을 가지는지에 대해서는 논란의 여지가 있지만, 상대평가를 통해 기업 경쟁력을 확보하려는 의도가 제대로 작동하지 않았음은 분명하다.

상대평가의 문제점

상대평가를 통해 인력을 차별화하고, B 플레이어(GE 용어로는 Vital 70)에 해당하는 직원을 고성과자(Top 20)가 되도록 유도하고, 저성과자(Bottom 10)를 지속해서 퇴출하면 기업 경쟁력이 올라간다는 주장은 지극히 합리적이다. 실제 상대평가는 조직 내 긴장감을 높이고, 평가자 오류를 줄일 수 있으며, 직원에게 명확한 메시지를 전달하는 장점이 있다. 또한 HR 담당자 입장에서 평가 결과를 가지고 보상, 육성 등 다른 영역에 연동시키기가 쉽고, 시스템을 통해 단일한 룰을 만들면 운영이 상대적으로 편리하다는 이점도 있다.

하지만 경험적으로 강제 등급 제도는 몇 가지 치명적 단점이 존재함이 밝혀졌다. 지나치게 과도한 경쟁을 유발하여 동료와 협력을 피하게 하고 팀워크를 저해하는 원인이 되었고, 나아가 직원들의 위험회피적 행동을 장려하여 혁신과 창의성을 막는 부작용도 수반되었다. 끝으로 미국에서는 상대평가 결과에 대한 차별 이슈로 법적인 분쟁 가능성이 상존한다. 상대평가 자체는 법적 문제가 없으나 실제 하위 10%를 선별할 때 완벽히 공정할 수 있는지는 언제나 도전적이기 때문이다. 실제 지난 2001년 포드 자동차를 상대로 해고된 직원들이 제기한 집단 소송은 상대평가 시 나이에 따른 차별이 주요 내용이었고, 결국 포드는 천만 달러가 넘는 합의금을 주고 마무리할 수 있었다.

최근 상대평가와 관련해서 가장 화제가 된 기업은 마이크로소프트이다. 미국 내 대표적 IT 기업인 마이크로소프트는 2006년부터 바이탈리티 커브(5등급: 20%, 20%, 40%, 13%, 7%)를 도입하였고, 당시 강력한 내부 반발에도 불구하고 CEO였던 스티브 발머는 이 제도를 강하게 밀어붙였다. 하지만 2013년 스티브 발머의 퇴임과 동시에 마이크로소프트는 팀워크와 협업을 북돋우기 위해 상대평가 제도를 폐지한다고 발표하였다[3]. 2014년 「A Bigger Prize: How We Can Do Better than the Competition」(한국에서는 「경쟁의 배신」으로 발간)를 저술한 마가렛 헤퍼먼(Margaret Heffernan)은 마이크로소프트가 지난 십 년 동안 혁신적이라고 할 만한 기술을 개발하는 데에 실패한 원인이 강제 배분의 평

[3] 2014년 2월 마이크로소프트(MS)는 전임 스티브 발머의 사임으로 공석이었던 CEO에 사티아 나델라를 임명했다. 당시 사티아 나델라는 인도 출신의 이민자로 MS에서 22년 일한 엔지니어 출신 임원이었는데, 무너져가는 MS 왕국을 살려낼 수 있는 인물인지에 대해서 세간의 의심을 받았다. 전문가들은 외부의 강력한 리더십만이 MS라는 공룡 조직을 변화시킬 수 있다고 보았다. 하지만 사티아 나델라 CEO 이후 MS의 부활은 극적이고 놀라웠다. 한때 전 세계 시가 총액 10위까지 떨어졌던 MS는 2018년 11월 30일 다시 한번 전 세계 기업 중 시가 총액 1위 자리

가제도에 있다고 지적한다. 즉, 직원 모두를 지속해서 위협한 나머지, 뛰어난 사람이 되겠다는 야심보다는 안전해지려는 욕망만 키워 혁신과 협업의 조직 문화를 망가뜨렸다는 주장이다.

무엇이 맞는 평가제도인가?

상대평가를 폐기하면 자연스럽게 평가제도는 상대적 분포를 가정하지 않은 절대평가 형태가 된다. 절대평가는 이론적으로 상대평가의 장점을 희생하고 단점을 보완한다. 동시에 HR에게는 성과와 무관하게 좋은 평가를 주는 관리자와 향후 어떻게 보상과 연계할지는 큰 도전이다. 이에 많은 미국 기업이 상대평가를 '일상적인 피드백과 지속적인 코칭(Regular feedback and continuous coaching)'으로 전환하고 있다. 그리고 이의 성공을 위해서는 코칭 프로그램을 통한 관리자 리더십을 증진하고, 평가와 보상을 분리하여 개인 평가 결과를 기계적으로 보상에 연동시키지 않는다 (보상에는 운영 예산과 이익 분배가 더 핵심 요인이다). 이렇게 평가제도의 프레임을 바꾸면 평가는 분기별 혹은 매달 반복되는 일상적인 과정이 되며, 이는 앞서 소개한 '조직 성과를 달성하고, 공동 목

를 차지했다. 2002년 이후 16년 만에 1위 자리의 탈환이었고, 나델라 CEO는 취임 이후 4년 10개월 만에 최고의 실적을 내놓았다. 이후 MS 상승세는 지속되고 있다. 2021년 6월 24일에는 시가 총액이 2조 달러를 넘어섰는데 미국 기업 중에 애플에 이어 두 번째로 기록되었다. 나델라 CEO는 자신의 저서인 '히트 리프레시(Hit Refresh)'에서 취임 당시의 MS를 "관료주의가 혁신을 대체했고, 사내 정치가 팀워크를 대신했다"라고 회상했다. 나델라 CEO는 MS의 조직문화에서 소통과 공감이 중심이 되도록 노력했고, 시장은 MS의 혁신 정신이 살아났다고 평가했다. 그리고 이러한 변화의 시작점에 상대평가 폐지가 있었다.

표에 대한 집단적 이해를 형성하고, 구성원의 역량을 발전시킨다'는 성과관리 정의에 가장 부합하는 모습이 된다.

끝으로 강제 등급의 상대평가가 때로는 의미 있는 경영 도구가 되는 경우가 있다. 단기적 구조조정이 필요하거나, 기업 성장 정체로 인해 일시적 긴장감을 높이고자 하는 경우이다. 하지만 유의해야 할 점은 강제 등급 방식을 지나치게 오래 유지하면 그 효과가 사라진다는 사실이다. 실제 드레이크(Drake)대학의 스티브 스컬런 교수의 연구 결과에 따르면 강제 등급 제도의 효과는 몇 년이 지나면 바로 떨어지는 것으로 나타났다. 매일 위기를 강조하면 결국 위기의 일상화가 되어 조직 내 만성적 피로도를 높이고 진짜 위기 시에 적절한 조치를 할 수 없기 때문이다. HR 담당자로 평가제도 설계를 고민할 때, 성과관리의 근본 목적, 기업의 성장 단계, 핵심 성과의 창출 방법 (개인 vs. 집단), 그리고 구조조정의 필요성 등을 검토해야 한다. 그리고 과거 관행을 유지하고 싶은 유혹을 버리고, 몇몇 사람의 개인적 선호를 과감히 배제하고, 운영의 쉬움이 주는 편안함에서 벗어나야 한다.

OKR, 흘러가는 유행인가, 성과관리의 해답인가?[1]

'목표와 핵심 결과'를 의미하는 OKR(Objectives and Key Results)은 미국 기업, 특히 실리콘밸리 기업을 중심으로 시작된 성과관리 프레임이다. OKR의 역사는 1980년 초까지 올라가지만, 실제 많은 사람의 관심을 보이고 적극적인 도입이 진행된 시점은 매우 최근이다. 특정 검색어의 관심도 추세를 보여주는 구글 트렌드(Google Trends)에서 OKR을 입력하면 과거부터 현재까지 변화를 알 수 있다. 아래 그림은 한국과 미국의 OKR에 관한 관심도 변화를 보여주는데, 미국 내 OKR 관심도는 2017년까지는 별다른 변화가 없다가 2018년부터 관심도가 꾸준히 증가하는 것을 알 수 있다.

한국의 경우 2010년 이후 간헐적으로 OKR에 대한 관심도가 크게

---

[1] 이 원고는 「월간 인사관리」 2020년 9월호에 'OKR, 유행인가 필수인가'라는 제목으로 게재되었다. 본문에 있는 그래프는 기존 원고와 달리 2022년 11월 시점으로 업데이트되었다.

시간 경과에 따른 관심도

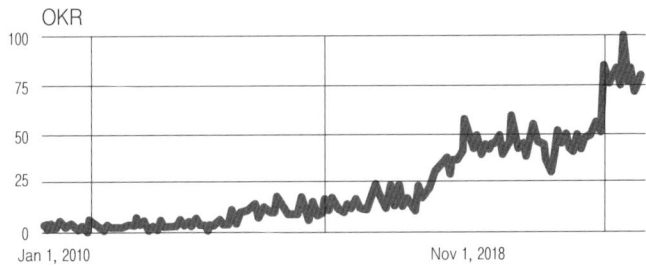

미국 1/1/10-11/19/22 검색어

오른 시점들이 있었지만 2018년도까지는 별다른 추이 변화가 없다가 2019년부터 빠르게 관심도가 올라가고 있다. 한 가지 확실한 점은 한국과 미국 모두 최근 OKR을 주목하고 좀 더 알기 위해 노력하고 있다는 사실이다. 그럼 OKR은 일시적으로 지나가는 유행으로 보는 게 맞을까? 아니면 기업 조직에 근본적 경쟁력을 가져오는 최고의 툴과 제도가 될 수 있을까? OKR 역사, KPI 등 다른 개념과의 비교, OKR 운영 시 고려사항을 중심으로 이러한 질문에 대한 답을 찾아보고자 한다.

시간 경과에 따른 관심도

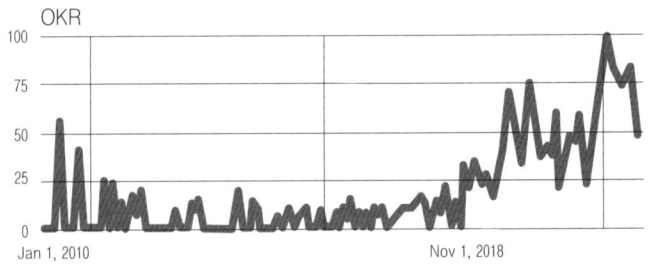

한국 1/1/10-11/19/22 검색어

목표관리(Goal Management) 역사와 OKR

OKR의 역사를 찾아보면 앤디 그로브(Andy Grove)란 인물이 등장한다. 앤디 그로브는 실리콘밸리에 있는 세계 1위 반도체 기업인 인텔의 초기 창립 멤버이다. 앤디 그로브는 1987년부터 1998년까지 인텔의 CEO로 재직하면서 인텔을 세계에서 가장 큰 반도체 제조업체로 성장시키는 데 커다란 공헌을 한 인물인데, 바로 이 앤디 그로브가 OKR의 초기 개념을 인텔에 도입하였다. 초기 OKR 이론은 1983년 출판된 그의 저서인 「하이 아웃풋 매니지먼트(High Output Management)」에 소개되었고, 이에 따라 앤디 그로브는 'OKR의 아버지(Father of OKRs)'로 불리기도 한다.

그 다음 중요한 인물이 1970년대 인텔에 영업직원으로 근무했던 존 도어(John Doerr)이다. 존 도어는 이 시기에 앤디 그로브를 통해 OKR의 핵심 개념에 대해서 배울 수 있었다. 시간이 흘러서 1999년 존 도어는 세계적인 벤처투자기업 클라이너 퍼킨스(Kleiner Perkins)에서 일하고 있었는데 이때 클라이너 퍼킨스가 투자했던 스타트업 기업이 바로 구글이었다. 존 도어는 조직운영과 경영을 잘 모르는 구글에게 OKR을 전수했는데 향후 구글 공동 창업자 중 한 명인 래리 페이지가 구글의 성공에 OKR이 있었다고 밝히면서 실리콘밸리의 많은 기업이 앞다퉈 OKR을 도입하기에 이르렀다.

그럼 OKR은 앤디 그로브가 완전히 새롭게 만든 개념일까? 그렇지 않다. 1970년대 존 도어가 인텔에서 OKR 이론을 배웠을 때 앤디 그로브는 이를 "iMBOs"라고 불렀다고 한다. "iMBOs"는 Intel Management by Objectives의 약자로 OKR은 근본적으로 MBO 이론에서 기반을 두고 있다. 지금은 너무나 익숙한 MBO(목표에 의한 관리)는 현대 경영학의 창시자로 불리는 피터 드러커(Peter Drucker) 교수가 개발한 이론으로 1966년 출판된 「The Effective Executive(효과적 경영자)」에 소개되었다. 피터 드러커 교수는 경영자들이 목표를 정하고 이에 맞는 성과를 창출하듯이 일반 직원들에게도 같은 방식으로 목표 대비 성과관리 도입을 주장하였고 이는 목표관리 역사의 시작이 되었다. 당시 MBO 이론에 특히 열광했던 기업이 실리콘밸리 최초 밴처기업으로 불리는 HP였다. 지금은 구글이나 애플에 그 자리를 양보했지만, HP는 한때 실리콘밸리 혁신의 중심에 있었기에, HP의 성공과 함께 MBO는 수많은 기업이 채택하는 경영 기법으로 확산하였다.

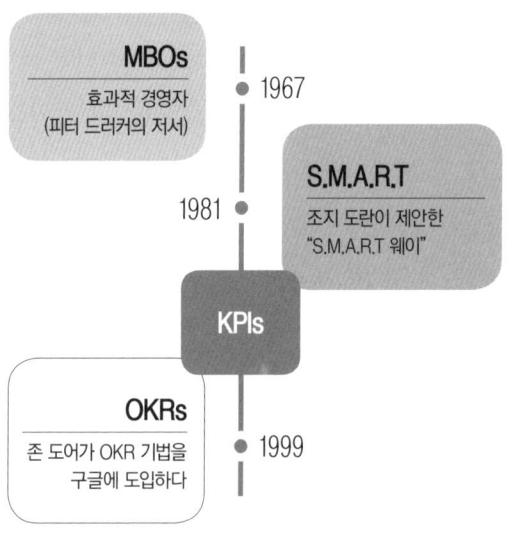

OKR은 무엇이 다른가?

MBO가 보편적인 경영기업으로 자리잡으면서 1980년대 초에 목표 설정 방법론으로 S.M.A.R.T.(Specific, Measurable, Achievable, Realistic, Timeliness)가 제안된다. 이후 'SMART 목표'는 MBO 방식을 보완하는 기법으로 확산하였고 현재도 많은 기업이 채택하는 방식이 되었다. 그 다음 기업 목표관리에 등장한 개념이 KPI(Key Performance Indicators)이다. 앞서 SMART는 목표(Goal) 구체화에 초점을 두었다고 하면 KPI는 타깃(Target)을 통한 결과에 방점을 두고 있다.

따라서 KPI는 좀 더 실행력이 강조되고 동시에 정량적 지표에 초점을 두는 경향이 있다. 또한 KPI는 개인 단위보다는 팀, 회사, 혹은 프로젝트와 같이 집단의 성과 측정에 적합하다. 반면 최근에 등장한 OKR은 목표와 결과 양쪽 모두 강조를 한다. 목표에 해당하는 'Objectives'는 "기업이 무엇을 달성하고 싶은가"에 대한 답변인데, 대개 정성적이고 대담하게 기술된다. 'Key Results'는 "거기에 도달했는지를 어떻게 알 수 있을까?"에 대한 대답으로 정량화할 수 있는 가치에 해당한다.

그리고 MBO, SMART, KPI는 가용한 자원을 고려한 좀 더 현실적인 목표와 지표에 따라 관리하는 것을 추구한다. 반면 OKR은 현재의 틀을 벗어난 사고와 야망, 즉 꿈을 꾸는 것을 장려한다. 앞서 OKR을 구글에 소개한 존 도어는 그의 저서 「Measure What Matters」에서 기존 MBO는 일반적으로 탑다운 방식이고 기업 구성원들의 위험회피적(Risk-averse) 행동을 장려한다고 지적했다.

한편 KPI는 후행성 지표(lag measure)이고, OKR은 선행성 지표(lead measure)로 분류되기도 한다. 예를 들어 '시장 점유율 10% 증가'라는 KPI는 전형적인 후행성 지표의 모습이며, 과정보다는 결과에 중심을 두는 방식이다. 이를 OKR 관점에서 바라보면 아래와 같이 작성될 수 있다.

Objective: 최고의 고객 서비스 경험 제공

Key Result 1: 콜센터 직원을 위한 워크숍 도입

Key Result 2: 고객 대기 시간 10% 단축

즉, OKR이 보다 과정에 초점을 두는 선행성 지표의 모습이며, OKR이 완료는 KPI 달성에 매우 큰 영향을 주게 된다.

OKR 운영을 위한 4가지 Tip

기업에서 OKR 도입을 결정하면 다음과 같은 사항을 고려하여 운영하여야 한다.

첫째, Objective는 담대하고 야심차게 만들어야 한다.

미국에서 OKR에 대한 문헌 자료를 살펴보면 자주 등장하는 단어가 "야망(ambition)"이다. 야심차게 만들어진 OKR은 그 기업이 나가야 할 방향을 보여주기 때문에 소속된 직원들이 모두 같은 곳을 바라본다고 느끼도록 한다. OKR을 북극성(North Star)에 비유하는 것도 같은 맥락이라 하겠다.

둘째, Key Results는 측정이 가능한 정량적 결과물로 작성해야 한다.

하나의 Objective에 2~5개 사이로 작성되고, 달성률은 70% 정도가 바람직하다. 만약 Key Results가 지속해서 100% 달성이 나온다면 OKR 구성에 문제가 있다고 의심하고 다시 평가해야 한다. 실리콘밸리에 있는 우버(Uber)도 OKR을 적극적으로 도입한 기업으로 알려졌다. 아래 우버 사례는 OKR의 기본 취지를 잘 나타내고 있다.

Objective: Increase driver happiness (운전자의 행복을 증진하다)

Key result 1: Define and measure driver happiness score (운전자 행복 증진 스코어를 정의하고 측정한다.)

Key result 2: Increase driver happiness score to 75th percentile (운전자 행복 증진 스코어를 상위 75퍼센타일까지 올린다)

셋째, 끊임없이 일의 우선순위를 정해야 한다.

OKR은 중요한 것과 중요하지 않은 것을 강제로 구분하게 하는 시스템이다. 영어 단위 'Key'가 바로 그런 의미로 쓰인 것이다. 여기서 한 가지 의문점은 '기업에서는 중요하지 않지만 매일 진행되는 일상 업무, 즉 Day-to-Day Work를 맡은 직원들도 많은데 이들은 어떻게 OKR을 만들 수 있을까?'이다. 힌트는 OKR은 얼마나 많은 시간을 쓰는지를 묻지 않는다는 점이다. 가령 제품 개발 직무는 본인 시간의 80%는 OKR에 나머지 20%는 일상 업무에 투입될 수 있다. 반면 회계팀의 지급 수납 직무는 본인 시간의 80%를 일상 업무에 쓰고 나머지 20%만 OKR로 만들 수 있다. 이처럼 OKR이 지속되면 기업은 가치가 높지 않은 업무를 구분하게 되면서 이를 어떻게 줄일 수 있을지를 (예를 들어, 자동화나 아웃소싱) 고민하게 만든다.

넷째, OKR은 보상이 아닌 커뮤니케이션의 툴로 자리 잡아야 한다.
기존 MBO 방식의 성과관리는 보상과 직접 연계되는 방식으로 운영되었다면, OKR은 보상과 연계되지 않도록 설계되어야 한다. 앞서 살펴봤듯이 OKR은 70% 정도 달성률이 바람직할 정도로 목표와 결과가 도전적이어야 한다. 하지만 보상과 연계되는 순간 목표는 보수적으로 바뀌고 한정된 자원을 차지하기 위한 소모적 경쟁이 유발된다. 결국 혁신과 동기가 사라지게 되는 상황으로 이어진다. 그럼 OKR을 어떻게 활용할까? OKR은 고성과 조직 문화를 만들어가는 데 가장 중요한 커뮤니케이션 도구가 되어야 한다. 이에 OKR은 전체 구성원에게 투명하게 공유하여 우리 모두 어디를 바라보고 있으며, 얼마만큼 나아가고 있는지를 알려주는 기제로 작용해야 한다.

우리 회사에 OKR은 필요한가?

앞서 목표관리 역사에서 살펴봤듯이 OKR은 현재 가장 주목받는 성과관리 시스템이다. 구글의 성공은 다른 기업에게 지대한 영향을 미쳤고, OKR은 아마존, 마이크로소프트, 트위터, 어도비, 넷플릭스 등 실리콘밸리 IT 기업을 중심으로 빠르게 도입되고 있다. 그렇다면 OKR이 모든 기업에 구글과 같은 성공을 가져다줄까? 물론 그렇지 않다. OKR 도입을 고민하는 HR 담당자는 다음의 세 가지를 고려해야 한다. 첫째, OKR이 갑

자기 나타난 도구가 아니라는 점이다. 그 뿌리는 MBO 및 SMART 방식에 기반을 두고 있다. OKR은 MBO가 가진 일부 단점을 보완하여 발전한 성과관리 기법이기 때문에, 기존 방식을 버린다는 생각보다는 OKR의 핵심 가치를 서서히 스며들게 하는 방식이 때로는 더 효과적일 수 있다.

둘째, OKR은 기업 구성원에게 틀을 깨는 생각과 가슴 설레는 포부를 장려한다. 이러한 이유로 구글의 성공을 견인하는 데 일조할 수 있었고, 혁신과 창의성을 최고의 가치로 여기는 실리콘밸리 기업을 중심으로 정착되고 확산하는 것이다. 하지만 모든 기업이 혁신을 최고의 가치로 여길 수는 없다. 즉 OKR이 성공적으로 정착하여 잘 구현될 수 있는 기업도 있지만 실패할 확률이 높은 조직도 있다는 점이다. 따라서 유행에 현혹되기보다는 기업이 추구하는 가치와 비즈니스의 본질에서 그 답을 찾아야 한다.

끝으로 어떠한 제도나 시스템이 그렇듯이 도입과 구축은 절반에 해당한다. 나머지 절반은 지속적인 변화관리를 통한 구성원의 행동과 조직문화의 변화가 이어져야 한다. OKR 도입은 단순히 평가제도를 세련되게 바꾼 것이 아니라 일의 가치와 의미를 재정립하고, 커뮤니케이션의 효과성을 높여서 고성과 조직문화 조성으로 이어지는 일련의 과정으로 인식해야 한다.

13
고용 브랜드가 답이다[1]

해외 기업 HR에서 사용하는 Employment Brand, Employer Branding, Becoming an Employer of Choice 등은 국내에서 고용 브랜드로 해석되는 용어이다. 고용 브랜드는 마케팅 분야의 브랜드 이론을 HR과 접목한 개념이며 학문적으로 정리되어 처음 공식화된 시기는 1990년도 중반이다. 그 이후 기업 현장에 크게 환영받으며 지금은 HR의 주요한 분야로 자리 잡아 가고 있다. 미국 경영 관련 조사기관인 IOMA(Institute of Management and Administration)에서 발간하는 「HRfocus」에서 2008년 발표한 결과에 따르면[2], 미국 기업의 43.8%가 고용 브랜드를 사용하고 있었으며 18.8%는 고용 브랜드 전략을 도입할

---

[1] 이 원고는 「월간인사관리」에서 2011년 9월호에 '해외 선진 기업의 고용 브랜드는 간결하고 명확하다'라는 제목으로 게재되었다.

[2] 「HRfocus」는 1991년 첫 발행한 후 매월 주요 HR 동향을 깊이 있게 분석한 HR 전문 잡지였지만 2017년 9월호를 마지막으로 폐간되었다.

예정인 것으로 나타났다[3].

이처럼 상대적으로 짧은 시기에 고용 브랜드가 기업 현장에서 빠르게 도입된 이유는 세 가지로 요약된다. 첫째, 개념이 가진 명확성이다. 모든 기업이 소비자를 대상으로 생산하는 상품에 브랜드 전략을 가져가듯이, 현재 그리고 잠재적인 직원을 대상으로 고용에 대한 브랜드 전략을 가져가야 한다는 주장은 쉽게 이해되며 설득력이 높다. 둘째, 시기적 적합성이다. 고용 브랜드란 개념이 도입된 시기와 맞물려 기업의 차별적 경쟁력은 조직 문화와 인재 등의 내부 리소스에 있다는 자원기반이론(RBV 혹은 Resource-Based View)이 보편화되었고, 「인재 전쟁(War for Talent)」과 「성공하는 기업들의 8가지 습관(Built to Last)」 등의 서적이 기업 경영에 큰 반향을 불러왔었다. 이러한 시기에 출현한 고용 브랜드는 자연스럽게 인재 전쟁의 실행 전략으로 주목받게 되었다.

끝으로, 실제 인재 확보를 어렵게 하는 사회적 환경 변화이다. 기업의 글로벌화가 진행될수록 선진 기업은 뛰어난 인재를 확보하기 위해서 전

[3] 이 원고가 처음 발표된 2011년에만 해도 고용 브랜드는 HR에서 소위 뜨는 유행과 같았다. 한편 2008~2009년 글로벌 금융 위기 이후 미국 경제의 성장세가 지속되었고, 실업률이 낮아지면서 노동 시장의 활성도가 올라갔다. 이는 기업들의 인재 전쟁과 맞물려 고용 브랜드 도입과 같은 채용 전략 고도화로 이어졌다. 미국 인사관리협회 SHRM이 2019년에 발표한 'Use Your Company's Brand to Find the Best Hires'에 따르면 72%의 채용 리더는 "고용 브랜드가 고용에 중대한 영향을 미친다"라고 답했고, 500대 기업 리더의 77%는 고용 마케팅 전략에 우선순위를 둔다고 답했다 (https://www.shrm.org/hr-today/news/hr-magazine/fall2019/pages/hr-uses-company-brands-for-best-hires.aspx 참조).

세계 기업들과 경쟁하게 되었으며, 동시에 서구 사회를 중심으로 빠르게 노령화되는 노동 인력은 인재 확보를 더욱 어렵게 하는 주요 요인이 되었다. 따라서 인재 확보 및 유지 전략으로 고용 브랜드의 중요성은 자연스럽게 드러났다.

고용 브랜드(Employment Brand)란 무엇인가?

고용 브랜드란 용어의 최초 공식적인 정의는 영국 런던에 있는 컨설팅 회사 People in Business의 회장인 사이먼 베로우(Simon Barrow)와 런던 비즈니스 스쿨(London Business School)의 교수인 팀 엠블러(Tim Ambler)가 1996년 'Journal of Brand Management'에 기재한 'The Employer Brand'란 논문에서 시작한다. 이 논문은 마케팅의 브랜드 이론을 HR에 접목한 최초의 시도로 평가되며, 이후 많은 HR 연구자에게 학문 간의 연계와 결합이 지닌 중요성을 각인시킨 시발점이 되었다. 베로우 회장과 엠블러 교수는 고용 브랜드에 대해 'the package of functional, economic and psychological benefits provided by employment, and identified with the employing company(고용에 의해서 제공되고, 고용 기업의 정체성과 연결된 기능적, 경제적, 심리적 혜택의 모음)'로 정의하였다. 두 사람은 협의적인 측면에서 고용을 통해 제공되는 기능적, 경제적, 그리고 심리적 혜택에 초점을 두었고, 이는 현재 고용 브랜드의 핵심 내용으로 자리 잡은 직원 가치 제안(EVP, Employee Value Proposition)으로 연결된다.

한편 고용 브랜드를 좀 더 큰 시각으로 바라보는 광의적인 정의도 다수 존재한다. 몇 가지를 살펴보면 "현 직원과 미래의 직원의 눈에 비친 회사의 이미지," "현재 그리고 잠재적 직원을 확보하고, 동기를 부여하고, 유지하는 목표를 향한 기업의 가치, 시스템, 제도, 행위," "현재 그리고 미래의 인력에게 일하고 싶은 직장임을 커뮤니케이션하는 노력의 총합" 등이다. 나아가 최근 영국에 위치한 경영 컨설팅 기업 People in Business의 리차드 모슬리(Richard Mosley)가 발표한 논문에 따르면 고용 브랜드는 기업 브랜드를 중간에 두고 마케팅에서 고객에게 제시하는 브랜드 제안과 HR이 (현재 그리고 미래의) 구성원에게 제시하는 브랜드 제안 간의 유기적인 연계가 되어야 한다는 '통합 서비스 브랜드 모델(Integrated Service Brand Model)'을 주장하였다.

통합서비스 브랜드 모델

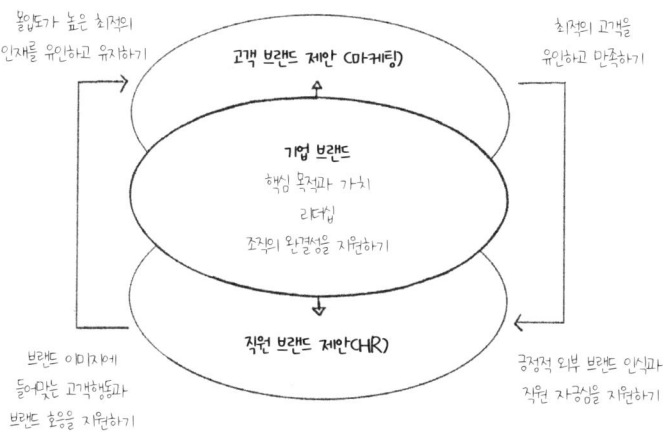

실제 고용 브랜드가 제대로 자리 잡고 기능하기 위해서는 기업 이미지, 제품 브랜드 등과 반드시 정렬되어야 한다는 점을 고려한다면 앞으로는 HR과 마케팅의 통합된 관점의 고용 브랜드 전략이 수립되어야 한다는 주장이 더 큰 설득력을 얻게 될 것이다.

고용 브랜드(Employment Brand)의 설계 방법

고용 브랜드 설계 과정은 마케팅에서 상품 브랜드를 만드는 과정과 유사하다. 효과적인 상품 브랜드의 시작은 상품에 대한 이해와 이를 구매하는 소비자에 대한 철저한 분석이다. 이를 적용하면 고용 브랜드는 먼저 기업의 가치, 미션, 전략, 그리고 현재 근무하는 사람에 대한 이해를 바탕으로 미래 직원에 대한 분석이 선행되어야 한다. 특히 기업에서 초점을 두어야 하는 인재는 누구이며, 어떤 특성을 가졌으며, 어떻게 접근해야 하는지에 대한 답을 정확한 자료와 분석을 통해서 구해야 한다. 마케팅 부서에서 소비자 이해를 위한 조사 활동에 엄청난 자원과 시간을 쏟아 붓듯이, 선진 기업은 고용 브랜드를 정립하는 과정에서 미래 인재에 대한 이해에 가장 큰 노력을 기울인다.

두 번째 작업은 고용 브랜드가 담아야 하는 핵심 메시지 개발이다. 미국 오하이오주 신시내티에 본사를 두고 2011년 「포춘」지가 발표한 가장 존경 받는 회사(Most Admired Companies) 5위에 오른 다국적 생활용품 기업인 P&G(Procter & Gamble)의 채용 사이트를 방문하면 "A new challenge every day"라는 메시지가 가장 눈에 들어온다. 새로운 도전을 원하고 이를 실현하는 인재를 채용하겠다는 P&G 고용 브랜드가 전달하는 메시지인 것이다. 성공한 상품 광고가 그러하듯이, 고용 브랜드의 메시지도 간결한 동시에 정확한 의미를 전달해야 효과적이다.

세 번째 과제는 고용 브랜드가 직장 내에서 현실화하는 체험을 줄 수 있는 가치, 즉 직원 가치 제안(EVP)을 개발해야 한다. 흔히 EVP의 핵심은 4D로 요약되는데,

Desirable(구성원이 바라고)

Distinctive(타 기업과 구분되고)

Deliverable(실제로 전달 가능하고)

Durable(채용할 때만 아니라 근무 내내 지속적인)

인 특징을 지녀야 한다. 여기서 주의할 점은 다른 회사가 하는 혹은 현재 유행하는 EVP의 나열이 아니라 실제 구현되고 전달되는 EVP가 고용 브랜드의 구성 요소가 되어야 한다는 점이다. 고용 브랜드가 확산하는 과정에서 현재 근무하는 직원에게 전파하는 것은 매우 중요하기 때문에, 사실에 근거하지 않은 EVP는 오히려 고용 브랜드에 역효과만 낼 뿐이다.

끝으로 고용 브랜드의 효과성을 측정하고 점검할 수 있는 지표를 개발하고 측정해야 한다. 마케팅 부서는 출시된 제품의 브랜드 인지도를 추적하여 본래 계획한 대로 상품 브랜드가 시장에 형성되었는지를 점검한다. 그리고 조사 결과를 바탕으로 브랜드 전략을 수정하기도 하고 때로는 상품 자체에 변화를 주기도 한다. 마찬가지로 고용 브랜드도 지속

적인 모니터링과 조사를 바탕으로 제대로 브랜드가 작동하고 있는지, 수정 혹은 보완되어야 할 부분이 어디에 있는지 찾아야 한다. 미국 노스캐롤라이나주에 본사가 있으며 주택 관련 용품 소매 분야 세계 2위 기업인 Lowe's는 고용 브랜드의 효과성 측정을 위해 Talent 컨설팅 기업인 Bernard Hodes Group에서 제공하는 QTrac을 사용한다. QTrac은 새로 입사한 직원을 대상으로 30, 90, 180, 365일로 나누어서 실시하는 온라인 설문조사 도구로, Lowe's는 이를 통해 고용 브랜드의 효과성을 측정한다. 한 예로, 2007년 Lowe's는 지원자들이 매장 프런트 라인에 대한 정보가 부족하다는 피드백을 받게 되었고, 이를 반영하여 온라인 채용 사이트를 개선해 지원자에게 매장에 관한 자세한 정보를 제공하게끔 하였다.

고용 브랜드(Employment Brand) 진화: Market Segmentation

고용 브랜드 기원이 마케팅의 상품 브랜드에서 시작되었다는 점을 고려한다면, 마케팅 브랜드 이론이 진화한 길을 추적하면 향후 고용 브랜드가 어떻게 발전할지를 예측할 수 있다. 최근 호주 시드니의 뉴사우스웨일스 대학(University of New South Wales) 마케팅 교수인 라라 모로코(Lara Moroko)와 마크 언클레스(Mark Uncles)는 미국 「월 스트리트 저널(Wall Street Journal)」에 발표한 기고를 통해 고용 브랜드는 마케팅의 시장 세분화(Market Segmentation) 이론을 도입해야 한다고 주장한다.

시장 세분화 이론은 소비자를 하나의 같은 집단으로 보지 않고, 인구 통계적 변수(성별, 나이, 거주지, 소득수준 등), 구매 행태, 라이프 스타일 등에 따라 세분하여 이에 맞춘 차별적 상품과 광고를 따로 가져감으로서 기업은 더욱 큰 수익을 창출할 수 있다는 믿음에 근거한다. 실제 현대 브랜드 마케팅의 핵심에는 시장 세분화 이론이 자리 잡고 있으며, 우리는 시장 세분화에 근거한 마케팅 기법을 시장에서 상품을 구매할 때 혹은 광고를 접할 때 아주 쉽게 경험한다. 자동차 회사는 소비자를 연령대 및 소득수준 등에 따라서 구매 집단을 구분하고 이에 맞춘 차를 시장에 내놓으며, 모바일 폰 회사는 세대(예: Baby Boomer 세대, X 세대, Y 세대)에 따라 기능이 다른 핸드폰을, 통신 회사는 생활 양식(예: 직장인, 주부, 학생 등)에 따라 다른 서비스 플랜을 제공한다.

　시장 세분화 이론이 고용 브랜드와 접목되면 현재 그리고 미래의 종업원을 같은 집단이 아닌 다양한 특징과 선호를 지닌 다수의 집단으로 구분하여 이에 맞춘 고용 브랜드 전략을 가져갈 수 있다. 모로코와 언클레스 교수가 고용 브랜드에 적용되는 5가지 세분화 영역은 아래 그림과 같다.

　첫째, 수익성 세분화(Profitability Segmentation)로 이는 어떤 집단을 고용 브랜드의 타깃으로 삼는지를 결정한다. 상품 영역에서 반복적으로 다량의 물건을 구매하는 소비자와 아주 가끔 소량으로 구매하는 소비자는 수익성(profitability)에서 차이가 크다. 그리고 이러한 소비자 집단을 구분하여 집중적으로 공략할 수 있으면 기업은 경쟁에서 승리하게

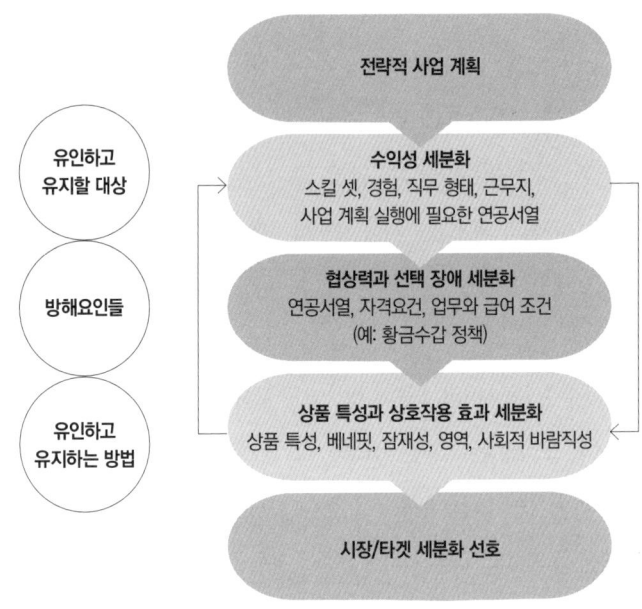

출처 : Journal of Brand Management, 2009

된다. 마찬가지로 HR은 기업의 성장을 이끌고 미래 전략을 실행할 수 있는 인재 집단을 구분하고 이들을 채용하고 유지하는 데 더 큰 노력과 자원을 투입해야 한다.

둘째, 협상력과 선택 장애 세분화 (Bargaining Power and Choice Barrier Segmentation)로 이는 실제 고용을 어렵게 하는 집단을 구분할 수 있게 한다. 가령 기술과 경험의 희소성을 지닌 집단은 채용 및 유지에 있어서 더 큰 금전적인 요구를 할 수 있기 때문에 높은 협상력(Bargaining Power)을 가지게 되며, 퇴직 보너스 등으로 황금수갑(Golden Handcuffs)에 묶인 집단은 선택의 장애(Choice Barrier)를 지닌 집단이기 때문에 아무리 필요해도 채용하기가 어렵다.

끝으로, 상품 특성과 상호작용 효과 세분화(Product Features and Interaction Effects Segmentation)로 어떠한 방법으로 원하는 집단을 채용하고 유지할지를 구분해준다. 가령 어떤 집단은 회사의 베네핏 프로그램에 교육지원을 요구하고, 어떤 집단은 유연 근무 시간(flexible working hours)을 원할 수 있다. 즉, 원하는 상품 특성(product features)에 따라 현재와 미래의 구성원을 세분화하여 관리할 수 있다. 한편, 소비자는 상품을 구매할 때 의견을 구하는 준거 집단에 영향을 크게 받는다. 약을 살 때 약사의 의견에 크게 좌우되는 것과 마찬가지로, 사람들이 입사를 결정할 때 자주 의견을 묻는 준거 집단이 존재한다. 향후 채용 대상 그룹을 상호작용 효과(interaction effects)의 준거 집단에 따라 세분화하여 관리할 수 있다.

HR에 대한 제언

짐 콜린스(Jim Collins)는 'Good to Great'에서 "당신의 버스에 right people이 타고 있어야 전략 목표를 달성할 수 있다"라고 주장하였다. 고용 브랜드는 right people이 타기를 원하도록 그 버스를 매력적으로 만드는 작업이라 할 수 있다. 국내 HR 담당자가 고용 브랜드를 구상할 때 다음의 세 가지를 고려했으면 한다. 첫째, 많은 기업에서 고용 브랜드에 대한 접근을 직원 가치 제안(EVP) 중심의 협소한 시각으로 바라보았다. 고용 브랜드가 제대로 설계되고 작동하기 위해서는 기업의 상품과 서비스가 지닌 소비자 브랜드, 기업의 핵심 가치와 미션을 전달하는 기업 브랜드, 그리고 현재와 미래 직원에 대한 고용 브랜드가 하나의 모습으로 정돈되어야 한다. 이를 위해서는 HR 담당자가 기업 내 마케팅 부서에 축적된 브랜드 전략에 대한 다양한 지식과 경험을 이해하고 체화해야 한다.

둘째, 해외 기업에서 고용 브랜드가 크게 설득력이 있는 배경에는 지극히 유연한 노동 시장도 큰 이유이다. 국내와 달리 서양의 노동 환경은 입·출입 제한이 크게 존재하지 않는 구조이므로, HR에게 인재 채용과 유지는 항상 큰 이슈가 될 수밖에 없다. 따라서 국내 HR 담당자는 고용 브랜드의 방향성은 공감하되 효과성이나 활용 측면에서는 더욱 신중한 접근이 필요하다.

끝으로, 마케팅의 시장 세분화 이론에 대한 이해와 적용 가능성에 대해 적극적으로 검토해야 한다. 앞서 제시한 예를 적용하면, 버스를 어떻게 매력적으로 만들지는 어떤 사람들을 태울지에 따라 결정되어야 한다. 그리고 태우는 사람이 다르면 버스도 다르게 만들 수 있는 전략이 필요하다.

14 사회적 자본, 퇴사를 바라보는 다른 관점[1]

미국에서 열리는 SHRM 콘퍼런스나 ATD 콘퍼런스(미국 교육/훈련 국제 콘퍼런스, 2014년에 ASTD에서 ATD 명칭 변경) 같은 HR 행사에 가면 매년 빠지지 않고 등장하는 주제 가운데 하나가 '인재 보유(talent retention)'이다. 사실 뛰어난 인재가 기업을 떠나지 않게 하는 것은 국경을 초월한 HR 과제라고 할 수 있겠지만, 미국은 이 이슈에 대한 민감도가 상대적으로 매우 높은 국가이며, 이러한 차이를 만드는 결정적인 원인은 노동 시장 유연성에 있다. 최근 한 연구 결과에 따르면 미국 노동 시장 유연성은 100을 최고점으로 할 때 97점에 해당하여 전 세계 국가 중에 가장 높은 점수를 기록하였고, 66점의 한국과 많은 차이를 보였다. 즉, 미국 기업에서 직원 이동(employee mobility), 직원이 회사를 떠나는 일은 지극히 자주 일어나는 일이며 미국 노동 시장은 사람들의 이직

---

[1] 이 원고는 「월간 인재경영」 2012년 9월호에 '사회적 자본으로 바라본 인재 전쟁'이라는 제목으로 게재되었다.

의사결정을 쉽게 할 수 있는 구조적 지원을 하는 것이다.

　이러한 맥락에서 인재 보유의 중요성과 이에 대한 논리적인 기반을 제공한 '인재 전쟁(war for talent)'은 현재 미국 HR 패러다임의 가장 기본적인 사상이 되고 있다. 인재 전쟁은 1990년 후반 글로벌 경영 컨설팅 회사인 맥킨지에서 처음 제기하였고 같은 제목의 책이 전 세계 베스트셀러가 되면서 크게 확산하였다. 인재 전쟁의 사상은 매우 간단하고 이해하기 쉽다. 기업의 구성원은 지식, 기술, 노하우 등을 지닌 주요한 무형 자산이기 때문에 구성원이 떠나게 되면 기업의 인적 자본(human capital)은 감소하고 떠난 구성원, 특히 뛰어난 구성원이 일하게 되는 회사의 인적 자본은 증가한다는 것이다. 그리고 인적 자본이 증가한 기업이 기업 간 전쟁에서 승리한다는 논리이다.

인재 전쟁에 대해 다시 생각하기

　인재 전쟁의 사상은 논리가 명확하므로 기업 경영자에게 큰 설득력이 있었고, 이에 HR의 많은 영역에서 지대한 영향을 미친 것이 사실이다. 또한 1990년 중반부터 꾸준히 제기된 HR의 전략적 파트너로의 전환 움직임과 더불어 기업 성공을 가늠하는 주요한 경쟁 우위 요소가 인재 유지에 있다는 공감대가 크게 확산하여 왔다. 하지만 최근 미국 일리노이 대학 경영학과의 디팩 소마야(Deepak Somaya) 교수와 호주 멜버른 대학 경영학과의 이안 윌리엄슨(Ian O. Williamson) 교수[2]가 MIT Sloan 「Management Review」에 게재한 'Rethinking the War for Talent(인재전쟁을 재고하기)'란 논문을 통해서 인재 전쟁과 관련한 새로운 접근을 제안하였고, 핵심은 사회적 자본(social capital)이란 개념에 있다.

사회적 자본은 관계를 통해 유발되거나 관계 속에 내재되어 있는 실질적이고 잠재적인 자원의 총합을 의미한다. 인재 전쟁 패러다임의 핵심인 인적 자본이 지닌 경계는 해당 조직 내부에 한정되지만 사회적 자본은 조직의 경계에 상관없이 축적되고 실현될 수 있다. 인재 전쟁의 사상에서는 우수한 직원이 회사를 떠나게 되면 인적 자본은 감소하게 되어 기업 경쟁력이 줄게 된다고 설명한다. 하지만 사회적 자본의 시각에서는 비록 우수 인재가 회사를 떠나게 되어도 때로는 이들로 인하여 기업 성과가 올라가고 나아가 경쟁력이 증가할 수 있다고 본다. 소마야 교수가 제시한 한 예를 살펴보자. 2004년 투자 은행인 골드만 삭스에서 최고의 성과를 보인 몇 명의 트레이더가 회사를 떠나 헤지펀드 회사를 설립하였다. 당시 골드만 삭스 임원들은 우수 인재가 회사를 떠나는 것에 대해서 깊이 우려하였다. 하지만 떠난 트레이더가 만든 헤지펀드 회사는 골드만 삭스의 핵심 고객이 되었고 이들을 통해서 더 큰 이익을 실현할 수 있었다.

사회적 자본 관점의 퇴사

인재 전쟁 사상의 프레임을 가지면 직원 이동(employee mobility)은 승리 혹은 패배(win or lose)로 단순화되지만, 사회적 자본 관점에서는

---

[2] 이안 윌리엄슨(Ian O. Williamson) 교수는 2022년 기준으로 캘리포니아 주립대학 어바인(University of California, Irvine) 경영대학 교수로 재직 중이다.

현실의 비즈니스 환경은 그렇게 단순한 게임이 아니라는 것을 지적하며, 직원이 이직하는 상황을 다르게 접근할 것을 요구한다. 표에서 보듯이 전통적인 접근에서 직원 이직은 회사의 채용 및 교육 비용을 유발하고, 경쟁자의 인적 자본을 늘리기 때문에 무조건 줄여야 하는 것으로 인식한다. 그리고 이를 위해 방어적 방법(defensive actions; 예를 들어, 임금 인상)을 쓰거나 보복적 방법(retaliatory actions: 예를 들어, 상대방 회사와 법적 소송)이 직원 이직을 줄이는 전략으로 채택된다. 하지만 사회적 자본의 시각은 직원 이직이 반드시 나쁜 것은 아니며, 때로는 떠난 직원이 협력자(cooperators)의 역할을 할 수 있어서 유형별로 접근할 것을 주문한다. 이에 방어적/보복적 방법 외에 관계적 방법(relational actions: 예를 들어, Alumni 프로그램을 운영하여 이직한 직원에게도 직원 할인 혜택 등을 계속 제공하는 것)을 추가할 것을 제안한다.

	전통적 관점	새로운 관점
기본 철학	직원 이직은 대체 인력 충원을 위한 채용과 교육 비용을 증가 시키기 때문에 회사에 해가 된다. 또한 경쟁 회사는 이직 직원으로 인해 기술을 획득하여 이득을 볼 수 있다.	직원 이직이 반드시 나쁜 것만은 아니다. 예를 들어 떠나는 직원이 협력(공급업체, 고객, 파트너)회사에서 일을 하게 될 때는 직원 이직으로 혜택을 볼 수도 있다.
지향 목표	직원 이직은 나쁜 것이기 때문에 반드시 막아야 한다. 직원 이직은 삶에서 항상 일어나는 일이다.	기업에 해가 되는 유형의 이직을 최소화하고, 혜택을 주는 유형의 이직 시에는 이득을 취하는 것이 더 바람직하다.
채택 전략	방어적 방법 (예를 들어, 복리후생을 올리는 것)이나 보복적 방법 (예를 들어, 고용계약 시에 경쟁 회사로 이직을 금지하게 하여 이직 직원과 소송을 진행하는 것을 사용해 직원이 떠나지 못하게 한다.	방어책, 보복적 방법과 더불어, 관계적 방법(제품 할인 등을 제공하는 Alurmi프로그램을 만드는 것)을 고려하여 이직하는 직원과 긍정적 관계를 지속하기 위해 노력한다.
해결 방안	모든 직원에 똑같은 방식으로 접근하는 one-size-fits-all접근을 사용한다. 채용 전략 결정 시 두 가지 요소를 고려해서 유형별 접근을 사용한다.	지식의 보유자인지 혹은 매우 가치있어 쉽게 대체하기 힘든 지식 보유자인지를 판단하고, 이직 직원이 향하는 기업이 경쟁 회사인지 협력회사인지를 보고 판단한다.

아래 그림은 소마야 교수 등이 제시한 직원 이직에 대한 유형별 접근 방법을 보여준다. 떠나는 직원이 보유한 지식의 전략적 중요도와 새로 합류하는 회사의 유형에 따라서 4가지의 다른 시나리오를 가지고 접근할 것을 제시하고 있다. 가령 이직하는 직원이 보유한 지식이 노동 시장을 통해 쉽게 대체 채용이 가능하고 향후 협력적인 관계의 회사에서 일하게 된다면, 관계적 방법(그림의 시나리오 2번)이 바람직하다. 하지만 이직하고자 하는 직원의 지식이 쉽게 대체되지 않아 전략적 중요성이 높고 경쟁 회사로 가려고 한다면, 보복적/방어적 방법 (그림의 시나리오 3번)이 더 선호되는 것이다.

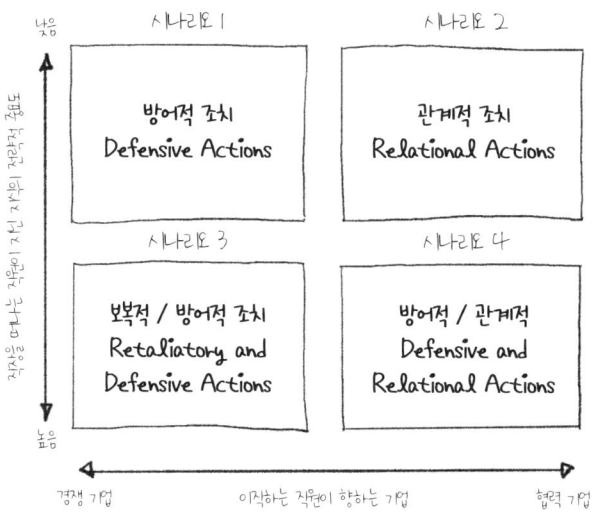

이직에 대한 유형별 접근 방법

소마야 교수 등은 기업이 사회적 자본을 이해하여 관계적 방법을 채택했을 때 세 가지 측면에서 혜택이 있다고 주장하였다. 잠재적 고객층을 늘릴 수 있으며, 인적 자본의 풀(pool of human capital)을 증가시키며, 조직의 무형 자산(organizational good will)을 창출한다는 것이다. 특히 떠나간 직원이 다시 돌아오는 부메랑 채용(boomerang hires)에서 관계적 방법을 채택한 기업이 더 큰 혜택을 본다는 것이다. 한 예로 글로벌 회계 회사인 딜로이트 투쉬(Deloitte & Touche)는 이직한 직원을 다시 채용하는 방식으로 한 해 동안 절감한 금액이 3백 8십만 달러에 해당하는 것으로 추산했다.

HR에 주는 시사점

기업의 핵심 인재가 떠나지 않고 최고의 성과를 내게 하는 활동은 과거, 현재 그리고 미래에도 HR에게 주어진 가장 큰 과제가 될 것이다. 뛰어난 직원이 회사에 자부심과 헌신 정신을 갖고 일하게 하는 제도와 환경을 만들어, 우수 인재가 오래 일하고 싶은 기업이 되는 것이 가장 중요하다. 하지만 앞서 소마야 교수 등의 제안과 같이 직원 이직을 인재 전쟁의 사상을 가지고 단순한 논리로 접근하지 않기를 당부한다. 때로는 전투에서는 질 수 있어도 전쟁에서는 이기듯이, 당장 주요 인재가 나간다고 해서 기업 경쟁력이 떨어지는 것이 아닐 수 있다. 오히려 경영자는 떠나는 인적 자원을 사회적 자원으로 전환하는 혜안을 발휘해야 한다. 앞서 골드만 삭스가 겪었던 비슷한 사례들을 주변에서 그리 어렵지 않게 찾아볼 수 있을 것이다. 다시 한번 강조하지만, 현실의 비즈니스 세계는 인재가 떠나고 남는 순간에 시장의 승자와 패자가 결정될 만큼 간단하지 않다.

15

ESG에서 HR 역할[1]

지난 2019년 8월 19일 미국 기업 역사에서 매우 중요하게 기록될 성명이 발표되었다. 이날 미국 200대 대기업 최고경영자들의 모임인 '비즈니스 라운드테이블(Business Roundtable)'은 'Statement on the Purpose of a Corporation'을 통해서 기업의 목적을 새롭게 규정했다. 아마존의 제프 베조스, 애플의 팀쿡, JP모건 체이스의 제이미 다이먼, 뱅크오브아메리카의 브라이언 모이니핸, 제너럴모터스의 메리 바라, 보잉의 데니스 뮬렌버그 등 총 181명의 기업 CEO들이 서명한 성명의 핵심은 간단했다. 기업이 봉사해야 하는 대상을 과거 '주주(shareholder)'로부터 '경제 이해당사자(stakeholder)'로 확대한 것이다. 여기서 경제 이해당사자들이란 주주를 포함해 직원, 소비자, 납품업체, 커뮤니티 등 사실상 사회구성원 모두를 의미한다.

[1] 이 원고는 「월간 인재경영」 2021년 11월호에 'ESG 경영을 주도하는 선진 기업 HR'이라는 제목으로 게재되었다.

비즈니스 라운드테이블 발표 이후 미국 주요 언론은 이번 성명이 오랫동안 미국 경제를 지배해온 자유주의 경제학자 밀턴 프리드먼(Milton Friedman)의 사상 "기업의 유일한 사회적 책임은 이윤을 증진하는 것"에서 기업 철학의 혁명적 전환이 이뤄졌다고 평가했다. 이후 '환경, 사회, 지배구조'를 의미하는 ESG(Environmental, Social, and Governance)가 미국 경영의 가장 뜨거운 주제가 되었고, 선진 기업의 HR은 기업 문화 전환을 통해 ESG를 구현하고자 노력한다. 지난해 회사 평가 및 채용 정보 사이트인 글래스도어(Glassdoor)는 'Job & Hiring Trends for 2020'이란 보고서를 통해 "비즈니스 라운드테이블의 성명으로 앞으로 10년은 기업문화와 기업가치가 경영의 우선순위로 드러날 것"이라고 주장한 것도 같은 맥락이라 하겠다.

ESG, CSR, 그리고 DEI

지금은 ESG에 대한 인식과 적용이 넓어졌지만 지난 몇십 년 동안 기업의 지속가능성을 위한 다양한 윤리적 활동은 CSR(Corporate Social Responsibility)로 표현되었다. 현재 기업의 ESG는 CSR에 그 뿌리를 두고 발전했다고 할 수 있다. 일반적으로 CSR은 기업의 책임을 강조하기 때문에 정성적이고 선언적인 모습을 지닌다. 반면 ESG는 환경, 사회, 지배구조 측면에서 기업의 지속가능성 노력을 보다 정량적인 모습으로 구현하는 데 초점을 둔다. 가령 자동차 업체의 "We're committed to carbon neutrality(우리는 탄소 중립성에 헌신한다)"라는 선언과 관련된 다양한 활동은 전형적인 CSR의 모습이다. 이에 반해 한 제지 업체가 내

세운 "5년 내 리사이클 원료의 30% 증가 및 10년 내 백만 그루 나무 심기"는 좀 더 ESG에 가까운 모습이다.

최근 HR 분야에서 DEI(Diversity, Equity and Inclusion)가 강조되는 현상도 기업들이 ESG 스코어를 높이기 위한 노력과 밀접히 연관되어 있다. 실제 많은 글로벌 기업들이 HR 분야에서 DEI 기능을 정립하고 관련 전문가를 영입하려고 노력 중이다. 특히 미국은 2020년 5월 미네소타주 미니애폴리스에서 발생한 40대 흑인 남성 조지 플로이드 사망 사건 이후 인종차별 이슈로 큰 홍역을 치렀다. 미국 인사관리협회인 SHRM에 따르면 전국적인 인종차별 시위 이후 미국 기업의 DEI 관련 채용이 매우 증가했다고 보고했는데, SHRM은 글래스도어의 자료를 통해 작년 6월부터 8월까지 DEI 관련 신규 잡이 55%가 늘었다고 분석했다. 실제 미국 내 각종 채용 사이트를 보면 'Chief Diversity Officer'이나 'DEI Program Manager' 등의 잡 타이틀을 쉽게 발견할 수 있다.

ESG에서 HR 역할

최근 미국의 대형 로펌 가운데 하나인 스콰이어 패튼 보그스(Squire Patton Boggs)는 'ESG and the Role of HR(EGS와 HR의 역할)'이란 보고서를 통해 기업의 ESG 스코어를 높이기 위한 HR 역할을 정리했다(그림 참조). 보고서에 따르면 HR 영역은 ESG에서 특히 Social(사회)와 Governance(지배구조)와 관련이 높다. 노사 관계, 직원 안전, 직장 내 성평등, 임금 격차(pay gap), 구성원 경험(employee experience), 스킬

향상 프로그램(upskilling program) 등이 모두 'S(사회)' 영역에서 ESG 와 관련된 영역이다. 'G(지배구조)'는 어떻게 회사가 운영되고 통제되는 지를 보는데 이사회 다양성(board diversity)이나 임원 보상(executive compensation) 등이 HR과 연관된 분야이다.

ESG와 연관된 HR분야

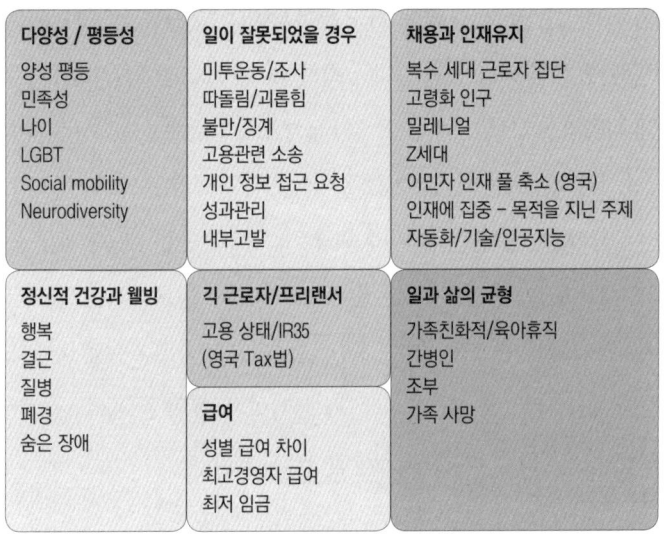

출처 : ESG and Role of HR http//www.Squire Patton Boggs

ESG 지표에서 달성도를 측정할 때 HR 성과는 직접적으로 영향을 미친다. 이에 더해 글로벌 기업 HR은 기업 내 ESG 문화를 정착시키기 위해 또 한 가지 중요한 작업을 담당한다. 바로 ESG 실행과 목표 달성에 가장 중요한 책임을 지는 임원 인센티브와 ESG 지표가 연계되도록 설계하는 것이다. 세계경제포럼(World Economic Forum)이 글로벌 HR 컨설팅 기업인 Willis Towers Watson의 조사를 인용해 발표한 보고서에 따르면, 2021년 기준으로 S&P 500 기업 가운데 51%가 ESG 지표를 활용해 임원 인센티브를 지급하는 것으로 나타났다. 또한 같은 조사에서 미국과 유럽 기업이 임원 인센티브에 가장 많이 쓰이는 ESG 지표 1위는 '사람과 HR(People and HR)'로 나타났다. '구성원 건강과 안전(Employee Health and Safety)'이 3위, '포용성과 다양성(Inclusion and Diversity)'이 5위를 차지해 HR과 관련된 ESG 분야가 현재 글로벌 기업 임원 보상에 가장 큰 영향을 주는 것으로 나타났다.

미국과 유럽 기업 임원 인센티브 설계 시 ESG 반영 분야

미국		유럽
33	사람과 HR	39
24	고객 서비스	23
21	구성원 건강과 안전	17
19	지배구조	27
16	포용성과 다양성	12
15	환경과 지속 가능성	20

출처 : ESG and Executive Compensation, Willis Towers Waton 2021

ESG 1위 기업 엔비디아(Nvidia)

ESG는 정량적인 성격이 강하기 때문에 여러 기관에서 ESG 측면에서 기업에 대한 평가와 랭킹 발표를 한다. 대표적으로 서스테이널리틱스(Sustainalytics)나 MSCI는 기업들의 ESG를 평가하고 순위나 등급을 매기는 기관이다. 그리고 여러 사이트에서 평가 등급을 기준으로 투자자들에게 어떤 기업이 가장 훌륭한 ESG 유망 주식(Best ESG Stocks)인지를 선정한다. 최근 ESG 주식 가치 측면에서 가장 두각을 나타내는 기업 가운데 하나가 실리콘밸리에 있는 반도체 기업 '엔비디아(Nvidia)'이다(그림 참조). 엔비디아는 1993년 대만 출신 젠슨 황 등이 설립했고, GPU(Graphics Processing Unit)라고 불리는 그래픽카드 설계에서 전 세계 1위 기업이다. 가상화폐와 인공지능(AI) 시대가 도래하면서 많은 양의 연산을 동시다발적으로 할 수 있으며 전력도 적게 사용되는 GPU에 대한 수요가 폭증하였다. 2015년을 기점으로 엔비디아 실적은 가파르게 상승하기 시작했고, 2020년 7월에는 반도체 회사 1위 기업인 인텔의 시가총액을 추월하게 되었다. 2021년 10월 18일 기준 엔비디아 주가는

2021 하반기 10대 ESG 우량 주식 기업

01	Nvidia(NVDA) nvidia.com	06	BestBuy(BBY) bestbuy.com
02	Salesforce(CRM) salesforce.com	07	Home Depot(HD) homedepot.com
03	Microsoft(MSFT) microsoft.com	08	Teledoc Health (TDOC) teledoc.com
04	Cisco(CSCO) cisco.com	09	Applied Materials applimaterials.com
05	Texas Instruments (TXN) to.com	10	Lam Research(LRCX) lamresearch.com

출처 : 10 Top ESG Stocks on the S&P 500, https://www.similarweb.com

222달러를 기록했고, 현재 시가 총액은 5,550억 달러에 이르고 있다[2].

엔비디아는 재무적 실적뿐만 아니라 ESG 등급에서도 최고 성적을 받는 기업이다. 엔비디아 ESG에 대한 분석 보고서는 핵심 이유를 다음과 같이 설명한다. "Nvidia's ESG initiatives include treating people fairly, strengthening diversity and inclusion, and pursuing social change with its products." 즉 엔비디아는 사람을 공정하게 대하고, 다양성과 포용성을 강조하고, 제품을 통한 사회적 변화를 추구하기 때문에 최고 등급을 받는 ESG 회사가 되었다. 구체적인 이유는 다음과 같다. 첫째, 엔비디아는 작년 코로나19 팬데믹 이후 사무실 폐쇄로 인해 일자리가 없어진 하청업체와 계약직 직원에게 계속 급여를 지급해 왔다. 둘째, 전체 인력 구성에서 소수 집단이었던 흑인 여성 직원을 세 배 이상 늘렸다. 끝으로 'DGX SuperPOD'란 솔루션을 개발하여 슈퍼컴퓨팅에 들어가는 비용과 에너지를 획기적으로 줄였다.

ESG 위기의 메타(과거, 페이스북)[3]

최근 세계 최대 소셜 미디어 페이스북에서 발생한 내부 고발자 사건

---

[2] 이후 엔비디아 주가는 AI 열풍에 힘입어 크게 상승했다. 2023년 5월 30일에는 반도체 기업으로는 처음으로 꿈의 시가총액으로 불리는 1조 달러를 넘어섰다.

[3] 2021년 10월 28일 마크 저커버그 페이스북 CEO는 페이스북의 사명을 메타(Meta Platforms)로 변경한다고 발표했다. 본문의 페이스북(Ticker: FB)는 현재 메타 플랫폼(Ticker: META)을 의미한다.

은 기업 ESG에 대한 중요성을 다시 한번 부각했다. 2021년 9월 17일 미국 월스트리트저널은 '페이스북 파일들(The Facebook Files)'이란 탐사보도를 통해 프랜시스 하우겐(Frances Haugen) 페이스북 전 프로덕트 매니저가 제보한 내부고발 이슈를 다루었다. 보도의 핵심은 페이스북이 "민주주의를 위협하고, 10대들의 정신건강을 해치고 있으며, 분쟁을 조장하고 있다"이며, 더 심각한 문제는 페이스북 경영진은 이런 문제점을 알고도 은폐했다는 주장이다. 이후 마크 저커버그(Mark Zuckerberg) CEO는 직원들에게 보낸 서한에서 "우리 회사의 행위와 동기를 잘못 표현하는 보도들이 많다"라고 반박했지만, 이후 페이스북을 향한 여론과 정치권의 비난이 쏟아졌다. 급기야 지난 10월 5일에는 미국 상원의원 청문회가 진행되었고, 청문회를 주관한 리처드 블루멘털 상원의원은 "페이스북은 도덕적으로 파산했다"라고 말하면서 "페이스북과 같은 거대 기술 기업들이 곧 담배회사와 같은 심판에 직면하게 될 것"이라고 경고했다.

한마디로 페이스북은 ESG 경영의 실패 사례이다. 실제 MSCI 등급(AAA부터 CCC이며, AAA가 가장 높은 ESG 등급임)에서 페이스북은 2020년 11월 기준 최하 등급인 CCC 바로 위인 B를 받았다[4]. 결국 페이스북의 위기는 이미 ESG 등급과 평가를 통해서 충분히 예견될 수 있었다. 그럼 페이스북은 ESG 경영에 별다른 노력을 하지 않았던 것

[4] 메타 플랫폼의 2022년 MSCI 등급도 최하위 바로 위인 B를 받았다. 기업의 MSCI 등급을 확인하기 위해서는 https://www.msci.com/our-solutions/esg-investing/esg-ratings-climate-search-tool 에 접속해서 회사의 이름이나 주식 코드인 티커(Ticker)로 검색하면 된다.

일까? 겉으로 보기에는 그렇지 않다. 페이스북의 Sustainability 사이트(https://sustainability.fb.com/)에 가면 페이스북은 다른 글로벌 선진 기업과 별반 다르지 않게 많은 ESG 활동과 노력을 하는 것으로 보인다. 또한 세련되고 멋진 형태의 'Sustainability Report'를 발행하고 있다. 심지어 이번 페이스북 사태의 내부 고발자인 프랜시스 하우겐이 페이스북에서 맡은 업무가 음모론과 가짜뉴스를 만드는 커뮤니티를 추적하는 소프트웨어를 개발하는 리더였다. 페이스북도 ESG 경영을 게을리하지 않았다고 할 수 있다. 하지만 페이스북의 ESG는 보여주기식이었고, ESG를 기업문화로 정착시키지 못했다. 실제 부조리와 비리에 대한 내부 보고가 많았어도 그저 쉬쉬했고 회사 경영진도 이를 바로잡겠다는 의지가 없었다고 전해졌다.

ESG는 HR의 블루오션

ESG 분야 전문가인 하버드 대학 경영대학원 조지 세라페임(George Serafeim) 교수는 기업의 ESG는 'feel good(기분 좋은)'이 아닌 'must have(반드시 가져야 하는)' 이슈라고 강조한다. 그리고 최근 코로나19 위기는 기업의 핵심 전략으로 ESG 중요성을 더욱 부각했다고 주장한다. 이번 팬데믹으로 ESG의 주요 요소로 구성원 안전과 건강, 그리고 웰빙의 중요성이 크게 주목받았기 때문이다. 모두 HR의 주제이다. 동시에 ESG는 HR 성과에 지대한 영향을 미친다. 당장 인재 채용과 유지에서 ESG를 기업문화 코드에 성공적으로 내재화한 기업과 그렇지 못한 기업은 차이가 크다. 한 연구에 따르면 기업을 선택할 때 그 기업이 ESG에 얼마나 노력하는지를 고려한다는 응답이 58%에 달했고, 윤리적이고 사회에 긍정적인 영향을 주는 기업 구성원이 그 회사를 떠나지 않고 머무를 확률은 3배 이상 높았다. 그리고 이런 경향은 MZ 세대와 같이 젊은 세대 구성원일수록 더욱 강해지고 있다. 결국 기업의 지속가능성을 위해 HR은 ESG 경영을 이끌고 이를 기업문화의 핵심 코드가 되도록 주도해야 한다. ESG는 HR에게 새로운 블루오션이라 하겠다.

실리콘밸리에는 왜 인도인 CEO가 많을까?

한국인 차별 사건

2019년 7월 실리콘밸리 한인 사회에서 크게 회자된 사건이 하나 있다. 실은 미국 언론에도 보도된 사건인데 핵심은 인텔에 근무하는 한국인 엔지니어가 인도인 상사에게 차별받았고 이를 근거로 회사 상대로 소송을 제기했다는 것이다. 좀 더 구체적으로 사건을 들여다보자.

이 사건을 보도한 머큐리 뉴스(The Mercury News)에 따르면 인텔 엔지니어로 근무하는 Hoseong Ryu, 언론에 '류호성'으로 알려진 한국계 미국인이 회사가 인도계 직원들을 우대하고 있으며 이는 인종과 국적에 따른 차별이라고 주장하며 손해 배상 소송을 제기했다. 법원에 제출된 소장에 따르면 류호성 씨는 2014년 인텔에 입사할 당시 입사 면접을 보던 한 인도인 면접관이 동료에게 "류 씨는 한국인이고 아이도 있는 기혼자이니 젊고 미혼인 인도 출신 남성을 고용하는 것이 좋겠다"라는 차별적 발언을 했다고 한다. 이후 류호성 씨는 인텔에 입사했는데, 이후에는 회사 측이 자기보다 경력이 짧은 인도 출신 직원들을 먼저 승진시켰으며, 인도 출신은 다른 직원에 비해 휴가도 두 배 가량 더 길게 쓸 수 있었다고 주장했다.

실리콘밸리의 주류는 인도인

EEOC로 불리는 '미국 연방 고용 기회 균등 위원회(Equal Employment Opportunity Commission)'는 직장 내 차별을 금지하는 법을 집행하고 관리하는 연방정부 기관이다. 2019년 4월 EEOC가 발표한 자료에 따르면 2018년 미국 전역에서 차별과 관련된 분쟁 건수는 76,418로 나타났다. 이 가운데 가장 큰 비중은 보복(Retaliation)이었고, 그 다음이 성(Sex), 장애(Disability), 인종(Race), 나이(Age), 국적(National Origin)에 따른 차별로 나타났다. 앞서 인텔 류호성 씨가 제기한 소송은 인종과 국적에 근거한 차별이었는데, 이 사건은 미국에서 일반적인 차별과 조금 성격을 달리한다. 미국 직장에서 인종과 관련된 차별은 대개는 다수를 차지하는 백인이 다른 유색인종이나 소수집단에 대한 차별인데, 류호성 씨의 경우는 한국인과 인도인, 즉 미국 전체로 보면 둘 다 소수인종 간에 벌어진 차별 사건이기 때문이다.

이 사건이 보도되고 나서 몇몇 사람들이 이제 미국에서 인도 사람에게 차별받는 세상이 되었다고 자조 섞인 말을 했다. 이 말의 숨은 의미는 예전에는 주류인 백인들이 차별했는데 실리콘밸리에서는 인도인이 많아지니까 예전 백인이 했던 악역을 인도인이 대신하고 있다는 뜻이다. 이러한 주장은 근거가 있을까? 결론부터 말하면 통계적으로 맞는 주장이다. 우선 실리콘밸리의 인종 간 분포를 살펴보자. Silicon Valley Institute for Regional Studies는 매년 실리콘밸리의 주요 통계를 'Silicon Valley Index' 보고서를 통해 발표한다. 2022 Silicon Valley Index에 따르면 2020년 실리콘밸리 인구에서 가장 큰 비중을 차지하는 인종은 39%를 차지한 아시안 사람들이었다. 2위는 백인으로 29%로 나타났다. 정확히 10년 전인 2010년 통계와 비교하면 당시 아시안 인종의 비율은 32%로 백인 36%보다 크게 뒤진 2위였는데, 10년 사이 1, 2위가 역전된 것이다. 참고로 2020년 기준으로 미국 전체 인구에서 백인 비중은 57.8%이고, 아시안은 6%이다. 이를 고려하면 실리콘밸리는 인종적인 측면에서는 미국을 전혀 대표하지 않는 지역임을 알 수 있다.

Silicon Valley Index의 또 다른 흥미로운 통계치는 대졸 이상의 고학력 기술 직업 종사자가 어느 지역 출신인지 결과이다. 1

인종과 민족 구성
인종과 민족에 따른 인구 구성

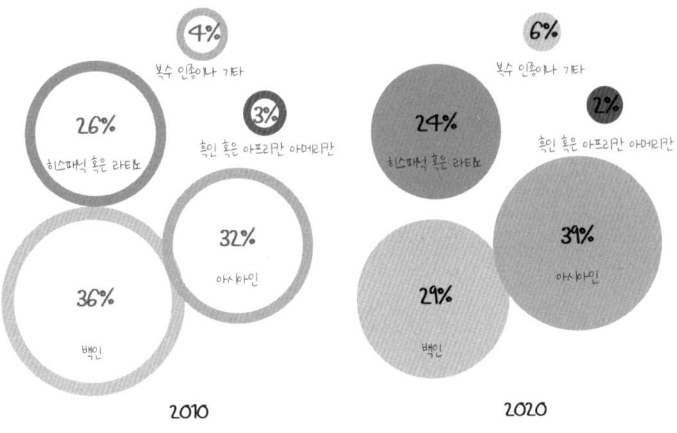

위는 25%를 차지한 인도 출신이고, 캘리포니아 출신이 16%, 미국 내 다른 지역 출신이 15%, 그리고 중국 출신이 14%로 4위를 차지했다. 대한민국은 2%로 매우 소수집단임을 알 수 있다.

기술 인재
학사 혹은 그 이상 학위를 지닌 기술 직업군 인력의 출생지별 분류

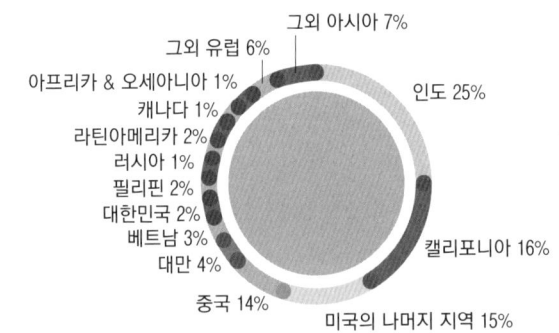

산타클라라 및 산마테오 카운티 2015-2019

실리콘밸리에서 왜 인도인 CEO가 많을까?

이처럼 실리콘밸리에서는 아시아 사람들이 다수(Majority)를 차지하고 있다. 아시아인 중에서도 인도인과 중국인이 절대다수여서, 실리콘밸리 어디를 가도 인도와 중국 사람들이 많다는 것을 경험할 수 있다. 당연히 기업에도 이들 나라 출신들이 많이 일하고 있는데, 이를 잘 보여주는 현상이 실리콘밸리 테크 기업 CEO가 이들 나라 출신들, 특히 인도 사람들로 바뀌고 있다는 점이다. 대표적인 인물이 구글의 모회사인 알파벳 CEO 순다르 피차이(Sundar Pichai), 어도비(Adobe) CEO 샨타누 나라옌(Shantanu Narayen), 마이크론(Micron) CEO 산제이 메흐로트라(Sanjay Mehrotra) 등이다. 본사가 실리콘밸리에 있지는 않지만, 마이크로소프트 CEO 사티아 나델라(Satya Nadella)나 IBM CEO 아르빈드 크리슈나아(Arvind Krishna)도 인도 출신으로 미국 기업 최고경영자까지 오른 입지전적인 인물들이다.

흥미로운 현상 중의 하나는 인구 분포에 비해서 실리콘밸리 내 중국인 CEO가 인도인 CEO에 비해 눈에 띄게 적다는 사실이다. 앞서 소개한 다수의 인도인 CEO에 비해 필자의 머릿속에는 그래픽 카드의 선두 주자인 엔비디아(NVIDIA)의 젠슨 황(Jensen Huang)이나 줌(Zoom)의 에릭 유안(Eric Yuan) 정도가 중국계를 대표하는 CEO로 떠오른다. 젠슨 황 CEO도 정확히는 대만에서 출생해서 가족을 따라서 미국으로 이민 온 경우이다. 2017년 통계를 보면 미국 전체 인구 가운데 외국에서 태어난 사람들이 약 4천 4백만 명이고, 이 가운데 중국 태생이 약 2백 6십만 명으로 5.9%, 인도 태생이 약 2백 3십만 명으로 5.3%를 차지한다. 전체 인구 측면에서는 두 나라 출생이 거의 비슷한 수준이다. 그럼 테크 분야에서 왜 이렇게 인도인 CEO가 많은 것인가?

영어, 민주주의, 그리고 인도의 개방 정책

이에 대한 해답으로 지난 2019년 9월 홍콩 「사우스차이나 모닝포스트」가 흥미로운 분석 기사를 통해 내놓았다. 'The India advantage: why China's tech workforce can't gain traction in Silicon Valley(인도의 이점: 왜 중국의 기술 인력들이 실리콘밸리에서 인기를 끌 수 없는가)'란 제목으로 실린 기사에 따르면 인도인과 중국인이 실리콘밸리에서 걸어온 길이 달랐다고 설명한다. 인도 사람은 1970년대부터 대학원을 졸업한 학생들이 콜센터 업무부터 컨설팅, 아웃소싱, 소프트웨어 산업으로 이동해 가면서 실리콘밸리와 미국 기업 DNA에 잘 융화해왔다. 반면에 중국은 미국과 경쟁하려는 의식이 강해 미국에서 유학하는 자국 학생들이 졸업 후 중국으로 돌아와 기업을 키우길 원해왔다. 중국인들도 실리콘밸리에서 스타트업을 키우기보다는 미국 기술을 중국으로 이전하는 데 관심이

크다고 지적한다. 실제 2017년 STEM(Science, Technology, Engineering and Math) 분야 졸업생 가운데 미국에 남은 인도 학생이 중국 학생보다 2배가 넘는 것으로 나타났다.

STEM 분야에서 유학한 중국 학생이 본국으로 돌아가는 것은 그만큼 중국 내 기술 기업이 많고 시장이 커지고 있다는 증거일 수 있다. 반면 인도 경제는 아직 고급 인력을 수용할 만한 충분한 기업과 인력 시장이 확보되지 않은 슬픈 현실로도 해석된다. 한편 인도인은 영어와 민주주의에 익숙하므로 중국인보다 미국에서 더 성공할 수 있는 문화적 배경을 가졌다고도 해석된다. 또한 인도인의 강력한 서로 끌어주기 시스템도 한몫하는 것으로 나타났다. 인도 출신 기업가들의 모임인 TiE(The Indus Entrepreneurs)가 대표적인 단체인데, TiE는 미국을 비롯한 세계 14개 국에서 1만여 개 스타트업 기업을 지원하고 있다. 반면 유사한 중국계 기업가 단체나 모임은 그 규모나 활동에서 이에 크게 미치지 못한다.

한편 실리콘밸리에서는 중국 정부의 검열 정책으로 구글과 트위터, 메타(페이스북) 등의 기업의 중국 시장 진출이 막힌다는 사실에 분개하는 정서가 존재한다. 관련해서 한 가지 흥미로운 일화는 지난 2015년 9월 시진핑 중국 국가주석이 미국을 첫 번째 국빈 방문하면서 첫 번째 도시로 시애틀을 들렀다. 이

때 정, 재계 인사 650여 명이 참석하는 만찬이 있었는데 당시 공화당 소속 의원 4명은 시 주석과 만남을 거절했다고 알려졌다. 시 주석은 아마존, 애플, 보잉, 마이크로소프트 등 주요 기업 CEO와 미팅하면서 "Made in China 2025"로 불리는 중국 산업 개발 청사진을 강조하면서 중국 투자를 강조했다고 한다. 하지만 당시 페니 프리츠커 미국 상무부 장관은 "중국에는 여러 분야에 걸쳐 공정한 경쟁의 장이 마련돼 있지 않다"라고 시 주석 면전에서 압박했는데, 이는 이후 미국과 중국 간 벌어질 무역전쟁의 서막이 되었다.

근데 마침 2015년 9월 같은 시기에 모디 인도 총리가 실리콘밸리를 방문했다. 이때 인도 모디 총리 방문은 시 주석과는 완전 다른 모습으로 전개되었다. 시 주석 방문 때는 시종일관 딱딱한 분위기의 만찬과 행사가 이어졌지만 모디 총리는 실리콘밸리 인도 사람들로부터 할리우드 스타와 같은 환영을 받았다. 모디 총리가 참가한 한 행사에는 1만 8000명이 경기장을 메웠고, 모디 총리는 연설에서 미국 기업에 대한 인도의 개방 정책을 강조해 중국의 폐쇄적 태도와 극명한 대조를 이루게 되었다.

인도인의 영웅, 알파벳 CEO 순다르 피차이

알파벳 CEO인 순다르 피차이(Sundar Pichai)는 실리콘밸리에서도 가장 존경받는 경영자 가운데 하나이며 인도인들에게는 영웅으로 인식되는 인물이다. 피차이 CEO에 대해서 좀 더 알아보자. 피차이 CEO는 1972년 인도 남부 타밀나두주의 마두라이에서 기계공 아버지와 속기사 어머니 사이에서 태어났다. 가정은 가난했기에 대학에 들어가기 전까지 컴퓨터를 구경도 해보지 못했다고 한다. 하지만 피차이는 천재적인 암기력을 가지고 있었다. 그의 암기력에 주목한 부모는 넉넉지 않은 살림에도 불구하고 피차이를 대학에 보내기로 했고, 피차이는 인도 공과 대학(Indian Institute of Technology) 카라그푸르(Kharagpur) 캠퍼스에 입학할 수 있었다. 학부에서 선택한 전공은 컴퓨터와 무관한 금속 공학 분야인 야금 공학(Metallurgical Engineering)이었는데, 인도 공업도시 카라그푸르에서 가장 인기 많은 전공이었다고 한다.

대학에 입학한 피차이는 드디어 컴퓨터를 만나게 되었고, 자신의 전공 못지 않게 컴퓨터 공학에도 큰 흥미를 갖게 되었다. 그는 독학으로 체스 프로그램을 만들 정도로 컴퓨터 공학에 심취하게 되었다. 1993년 대학을 뛰어난 성적으로 졸업한 피차이는 미국 캘리포니아 스탠퍼드 대학의 장학생으로 선발되었다. 스탠퍼드 대학에서 재료공학 석사를 이수한 후 미국 기업에 취업하게 되는데, 그의 첫 번째 직장은 실리콘밸리에 있는 반도체 장비 기업인 어플라이드 머티어리얼즈(Applied Materials)였다. 반도체 엔지니어로서 몇 년을 보낸 뒤 펜실베이니아대학 와튼

스쿨(Wharton School)에서 경영학 석사(MBA)를 획득한다. 2002년 와튼 스쿨을 졸업하고 맥킨지 컨설팅에서 반도체 관련 컨설턴트로 일하다가 2004년 구글에 합류했다.

파차이, 구글을 살리고 크롬을 만들다!

피차이가 구글에서 입사 면접을 본 날은 2004년 4월 1일, April Pool's Day, 즉 만우절이었다. 근데 바로 이날 구글은 지메일 서비스를 시작을 발표했다. 당시 지메일은 1GB라는 상상도 할 수 없었던 대용량 저장공간을 제공하는 무료 이메일 서비스였다. 다른 무료 이메일 서비스의 용량은 10~20MB 수준이었고, 유료 이메일 서비스라도 200MB 이상의 용량을 제공하기 힘들던 시기였다. 피차이도 처음 지메일에 관한 얘기를 듣고 구글이 만우절을 기념하기 위해서 만든 여러 행사 중에 하나라고 여겼다고 한다. 하지만 구글의 지메일은 실제 무료 서비스였고, 이를 통해 피차이는 혁신을 추구하는 구글의 기업 문화를 이해하게 되었다고 한다. 그리고 이 경험은 맥킨지를 떠나 구글에 합류하겠다는 결정을 내리는 데 주요하게 작용했다고 한다.

피차이가 구글에서 처음 일한 부서는 당시 웹 브라우저 업계를 독점하고 있던 인터넷 익스플로러(IE)용 '구글 검색 툴바'를 만드는 부서였다. 이때 구글은 큰 위기에 처하게 된다. 2006년 10월 마이크로소프트(MS)가 구글을 견제하기 위해 IE의 기본 검색 엔진을 자사의 검색 서비스 '빙(Bing)'으로 아무런 통보도 없이 변경한 것이다. IT 업계에서 '운명의 날 시나리오(Doomsday Scenario)'라고 알려진 이 사건으로 구글은 검색 방문자가 급감할 수밖에 없는 절체절명의 위기에 봉착하게 된다. 이때 피차이가 엄청난 활약을 펼쳤다고 한다. 피차이는 PC 제조사에 방문해 구글 검색 툴바의 유용성을 알렸고, 이를 제조사의 PC에 기본 탑재하도록 설득했다고 한다. 이러한 피차이의 노력 덕분에 구글 검색 점유율이 빙에게 크게 빼앗기지 않을 수 있었다. 그리고 이때 피차이는 웹 브라우저의 중요성에 대해 깨닫게 되었다.

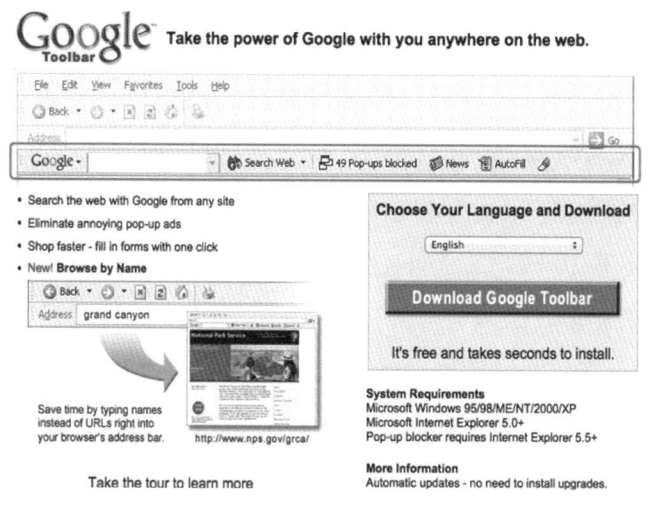

순다르 피차이 CEO가 처음 구글에 맡은 업무인 구글 검색 툴바, 2019년 12월 3일 비즈니스 인사이더 "Sundar Pichai is now the CEO of both Google and Alphabet. Here's his meteoric rise, in photos." 기사에서 인용

피차이는 웹 브라우저 개발을 위해 래리 페이지, 세르게이 브린, 에릭 슈미트 등 구글 경영진을 설득했다. 당시 IE의 시장 점유율이 90%를 넘는 상황에서 다들 무모한 도전으로 생각했지만 결국 구글은 웹 브라우저 개발을 위한 팀을 꾸리기로 했고, 피차이를 프로젝트의 책임자로 앉혔다. 그리하여 2008년 9월 세상에 구글의 웹 브라우저 '크롬(Chrome)'이 등장했다. 크롬은 빠른 속도, 웹 표준 준수, 간결한 사용자 환경, 지속적인 업데이트 등을 내세우며 헤비 유저를 중심으로 점유율을 늘려 나가기 시작했다. 크롬이 등장하자 한동안 웹 브라우저 기능 업데이트에 소홀했던 MS도 2010년 이후 새로운 버전의 IE를 선보이며 크롬 견제에 나섰다. 하지만 시대는 구글 편이었다. 마침 모바일 시대가 열리면서 웹 표준의 중요성이 강조되자 웹 표준을 제대로 준수하던 크롬의 점유율이 폭발적으로 상승하기 시작했다. 그리하여 트래픽을 기준으로는 2012년 5월, 사용자 수를 기준으로는 2016년 1월 크롬은 IE를 제치고 점유율 1위의 웹 브라우저로 올라서게 되었다. 크롬이 웹 브라우저 시장을 장악함으로써 구글도 검색, 이메일 등 인터넷 서비스 시장을 완전히 장악할 수 있게 되었다. 당연히 이를 통해 구글의 인터넷 광고 수익도 급격하게 늘어나기 시작했다. 당연히 피차이는 이러한 공로를 인정받았고 부사장의 자리에 오르게 되었다.

피차이, 안드로이드를 접수하다!

안드로이드는 구글의 모바일 운영체제로 알려졌지만, 원래는 2003년 앤디 루빈과 세 명의 동업자에 의해서 실리콘밸리의 팔로알토에서 설립된 스타트업이었다. 2005년 구글은 투자자 확보에 어려움을 겪는 안드로이드를 인수했고, 설립자이자 안드로이드의 아버지라고 불리는 앤디 루빈도 구글에 합류해서 안드로이드 사업부를 이끌었다. 2010년 구글은 안드로이드 운영체제를 출시해 모바일 시장을 장악했는데, 이를 이끈 사람이 앤디 루빈 부사장이었다. 하지만 루빈은 다분히 독단적으로 조직을 이끌었다고 한다. 이를 대표하는 사건이 '안드로이드 웹 브라우저' 개발이다. 루빈은 크롬이라는 구글의 웹 브라우저가 존재하고 이를 개발하는 웹 브라우저 팀이 존재하지만, 안드로이드 조직 내부에서 독자적인 모바일 웹 브라우저를 개발해서 안드로이드에 탑재시켰다. 동시에 피차이가 이끄는 크롬 팀도 모바일 웹 브라우저 '크롬 모바일'을 출시했다. 하나의 회사에서 두 개의 모바일 웹 브라우저를 출시하는 매우 황당한 상황이 펼쳐진 것이다. 당시에 이 사건을 두고 여러 해석이 분분했다. 역시 구글은 서로 독립성을 존중하기 때문에 서로 경쟁하는 시스템을 만들었다는 긍정적인 해석도 있었고, 이는 내부에서 서로 잡아먹기식 경쟁, 즉 '카니발리제이션(Cannibalization)'이 발생했다는 기사도 있었다.

사실은 안드로이드 팀과 크롬 팀의 무한 경쟁이었고, 결국 구글의 경영진은 앤디 루빈과 순다이 피차이 사이에 어느 한쪽을 선택해야 하는 상황이 되었다. 결국 구글은 2013년 3월 피차이를 크롬뿐만 아니라 안드로이드까지 관리하는 통합 최고 관리자로 앉혔다. 그리고 루빈은 자신이 만든 안드로이드 대신 로봇 사업부의 최고 관리자로 배치되었다. 일종의 좌천인데 이를 견디지 못한 루빈은 결국 2014년 구글을 떠나게 되었다. 잠깐 이야기가 옆길로 가지만, 구글을 떠난 앤디 루빈의 삶을 살펴보자.

앤디 루빈은 2015년 11월 에센셜 프로덕츠(Essential Products)를 창업한다. 안드로이드의 아버지인 그의 이름만으로도 엄청난 투자금이 쏟아져 들어와서 아마존, 중국 텐센트 등으로부터 3천300만 달러를 모았고, 한때 에센셜 프로덕츠의 기업 가치는 10억 달러에 이르렀다. 그리고 2017년 프리미엄 스마트폰을 내놓았지만 이미 포화상태인 스마트폰 시장에서 완전히 실패하게 된다. 그리고 뉴욕타임스는 2018년 10월 "구글이 앤디 루빈 전 부사장의 성추행 의혹을 은폐하고, 9000만달러의 퇴직보상금을 지급했다"라는 폭로성 기사를 게재했다. 루빈은 이 보도를 부인했지만 에센셜 프로덕츠의 가치는 회복하기 어렵게 떨어졌고 시장의 신뢰를 잃게 되었다. 결국 2020년 2월 에센셜 프로덕츠는 문을 닫는다고 공지하고 앤디 루빈의 퇴장을 알렸다.

온라인 IT 매체 기즈모도의 기사에 실린 구글 크롬과 안드로이드의 관계를 희화한 그림,
"Android, Chrome OS Relationship Confusing Everyone, Including Google" 2009년 7월 10일 기사

피차이, 구글과 알파벳 CEO를 거머쥐다!

크롬에 이어 안드로이드까지 맡게 된 피차이는 안드로이드 팀을 구글의 사업부서 일부로 전면 통합시켰다. 이에 안드로이드 웹 브라우저는 사라지고 크롬 모바일만 남았고, 크롬에서 그랬던 것처럼 안드로이드에도 구글의 각종 서비스를 연결하기 시작했다. 이에 안드로이드도 크롬처럼 구글의 모바일 서비스를 경험할 수 있는 허브로 다시 태어났다. 이 시절 피차이의 뛰어난 업적인 바로 '안드로이드 원(Android One)'이다. 안드로이드 원이란 인도 등 제 3세계 사용자에게 보급하기 위한 저렴한 스마트폰인데, 안드로이드 원을 통해 피차이는 인도 시장이 중국 스마트폰 제조사에 잠식되어 구글 인터넷 서비스가 설 자리가 없어지는 것을 막고 인도에 구글의 인터넷 서비스를 보급할 수 있었다.

2015년 8월 구글은 지주회사 알파벳을 설립하고, 창업주였던 래리 페이지와 세르게이 브린은 알파벳 경영진으로 옮겼다. 그리고 2015년 10월 구글 CEO에 크롬과 안드로이드라는 주력 서비스를 성공시킨 피차이가 임명되었다. 피차이는 구글의 핵심 사업을 관리하고, 래리 페이지는 알파벳 CEO로서 그룹 전체의 방향성을 결정하고, 세르게이 브린은 알파벳 사장으로서 인공지능 등 구글의 미래 먹거리를 찾고 이를 개발하는 작업을 진행했다. 그리고 2019년 12월 래리 페이지와 세르게이 브린은 경영일선에서 퇴임을 알리면서 알파벳 CEO도 피차이가 맡는다고 발표했다. 페이지와 브린은 공동으로 낸 성명을 통해 "피차이와 15년을 함께 일했다. 알파벳을 세운 이후 우리가 그보다 더 의존한 사람은 없다. 구글과 알파벳을 미래로 이끌 더 좋은 인물도 없다"라고 피차이에 대한 무한한 신뢰를 표현했다.

여행 Tip

실리콘밸리 CEO 양성소

스탠퍼드 대학교

● ●

구글 창업자인 래리 페이지와 세르게이 브린, 그리고 알파벳과 구글의 CEO가 되어 구글 2.0 시대를 연 순다르 피차이의 공통점은 이들 모두 스탠퍼드 대학에서 공부했다는 점이다. 실리콘밸리의 팔로알토에 위치한 스탠퍼드 대학은 동부의 하버드, 서부의 스탠퍼드로 인식될 정도로 미국 최고의 명문 대학이다. 두 학교는 많은 전공 분야 순위에서 1, 2위를 다투는데, 경영학(Business School)도 마찬가지이다. 그런데 두 학교의 경영대학은 한가지 공통점이 있는데, 경영대학의 이름이다. 하버드 경영대학은 Harvard Business School, 스탠퍼드 경영대학은 Stanford Graduate School of Business이다. 어떤 공통점을 말하는지 의아해할 수도 있지만, 이 두 학교의 이름에는 아직 학교 이름 말고 사람이나 기업체 이름이 들어가 있지 않다. 미국 대학에서 유명한 경영 대학원은 많은 돈을 기부한 기업이나 기부자 이름이 들어간 경우가 많기 때문이다.

몇 가지 예를 살펴보자. 펜실베이니아 대학교 경영대학인 와튼 스쿨

스탠퍼드 대학교 서점(Bookstore).
이곳에서 각종 스탠퍼드 대학 기념품을 구입할 수 있다.

스탠퍼드 경영대학의
Knight Management Center 입구

은 1881년 필라델피아의 사업가인 조셉 와튼(Joseph Wharton)의 기부로 설립되었다. 당시 조셉 와튼이 기부한 금액은 10만 달러(약 1억 2천만 원)이었는데, 현재 기준으로는 약 253만 달러(약 30억 원) 정도에 해당한다. MIT의 Sloan 경영대학은 1950년 GM의 전 CEO였던 알프레드 슬론(Alfred Sloan)이 당시 기준으로 525만 달러(약 64억 원) 기부를 하면서 이름이 바뀌었다. 미국 Top MBA School 가운데 최근 천문학적인 기부로 이름이 바뀐 대학은 시카고 경영대학이다. 2008년 전까지 University of Chicago Graduate School of Business이었다가 지금은 University of Chicago Booth School of Business로 바뀌었다. 학교 이름에 부스(Booth)가 들어간 것인데 이 학교 졸업생이자 기업가인 데이비드 부스(David Booth)의 3억 2천만 불(약 3,900억 원) 기부가 있었기 때문이다.

질문을 올리면 여러 사람의 답변이 달리는 사이트인 Quora에 2012년 'How much does one have to donate to Stanford or Harvard to

스탠퍼드 경영 대학에서 보이는 후버 타워(Hoover Tower). 1941년 스탠퍼드 대학 50주년에 맞추어 완공된 후버 타워는 스탠퍼드 졸업생이자 미국 31대 대통령인 허버트 후버(Herbert Hoover)를 기념하는 건물이다. 후버 대통령은 모교인 스탠퍼드 대학에 다수의 소장품을 기부했다고 한다.

replace GSB or HBS with his/her name?'이란 질문이 올라왔다. 질문은 스탠퍼드 혹은 하버드 경영대학에 얼마나 기부하면 이름을 넣을 수 있을까인데, 사람들의 대답은 Priceless, 즉 "값을 매길 수 없다"로 정리되었다. 그럼 하버드나 스탠퍼드 대학에는 기업이나 돈 많은 자선가의 기부가 없는 것일까? 당연히 아니다. HP의 창업자를 기리기 위한 휴렛 재단(Hewlett Foundation)은 2001년 스탠퍼드 대학에 4억 달러를 기부했고 이 가운데 3억 달러를 School of Humanities and Sciences에 전달했다. 그래도 학교에 '휴렛'이란 이름이 들어가지는 못했다. 스탠퍼드 경영대학에도 2006년 나이키의 창업자이자 스탠퍼드 MBA를 졸업한 필 나이트(Phil Knight)가 1억 500만 달러를 기부했다. 이때는 학교 이름은 바꾸지 못했지만, 학교 건물에 'Knight Management Center'라는 이름이 새겨지게 되었다.

휴머노크라시와 일의 미래 4

4차 산업혁명 시대 그리고 기업 환경의 극단적인 불확실성과
복잡성 속에서 HR은 어떤 역할을 해야 할까?
4부에서는 2020년 전략 분야 베스트셀러로 선정된
'휴머노크라시(Humanocracy)'를 통해 완전한 인간이 회복되는
조직의 모습과 그 속에서 HR의 역할을 탐색하고자 한다.
그리고 코로나19 팬데믹이 가져온 일과 삶에 대한
인식의 변화 속에서 근무 형태 혁신과 HR이 대비해야 하는
새로운 일의 미래에 대해 논의하고자 한다.

16 휴머노크라시로
관료주의부터 극복하자[1]

다국적 컨설팅 기업인 PwC에서 발행하는 「Strategy+Business」 잡지는 매년 비즈니스 분야별 베스트 도서를 선정한다. 2020년 전략 분야에서는 세 권의 최우수 도서가 선정되었는데, 그 가운데 하나로 게리 해멀(Gary Hamel) 런던대 경영대학 교수와 경영컨설턴트 미셸 자니니(Michele Zanini)의 신작 「휴머노크라시(Humanocracy)」가 뽑혔다. 비록 전략 분야에서 선정되었고 저자는 책의 전반에 걸쳐서 기업 HR의 역할에 대해서 신랄하게 비판하지만, 휴머노크라시는 4차 산업혁명 시대의 HR 역할에 대해서 뛰어난 통찰과 방향을 제시한다. 특히 복잡성과 불확실성이 커져가는 기업 환경 속에서 조직 설계와 운영 방안, 나아가 조직 구성원 지식과 역량 확보 등 까다로운 HR 과제에 대해 놀라운 해답을

[1] 이 원고는 「월간 인사관리」 2021년 3월호부터 5월호까지 '휴머노크라시(Humanocrary), 기업경영의 미래를 제시하다'라는 기획 연재의 첫번째 글이다. 3월호에는 '휴머노크라시 Humanocrary vs. 관료주의 Bureaucracy' 제목으로 게재되었다.

제시한다. 휴머노크라시를 읽고 받은 신선한 충격, 나아가 HR 현장 담당자로 느낀 부끄러움과 반성을 나누고자 한다. 이를 통해 HR 담당자가 휴머노크라시의 철학을 이해하고 이를 실제 현장에 적용하여 기업을 변화시키고 미래 경쟁력의 기반을 마련했으면 하는 바람이다.

Hierarchy of Human Capability at Work

「휴머노크라시(Humanocracy)」 저자는 책의 첫 번째 장을 'Fully Human'이란 타이틀로 시작하며 완전한 인간으로의 회복을 강조한다. 저자는 인간과 기업 조직을 비교하면서, 인간은 회복력을 지녔지만, 조직은 무력하며, 인간은 창의적이지만 대부분 조직은 어리석고, 인간은 열정적이지만 대부분 조직은 관성적이라고 주장한다. 그리고 이러한 조직적인 무능력은 컴퓨터 혁명과 네트워크의 발전으로 빠르게 변화하는 환경에서 기업의 소멸을 재촉하고 있다고 역설한다. 이를 잘 나타내는 통계가 1955년 포츈 500 기업 중 현재도 남아있는 기업은 11%에 불과하고, 1950년대 S&P 500에 속한 기업 평균 연령이 약 60년 정도였지만 지금은 20년도에도 못 미친다는 사실이다. 저자는 그 원인을 많은 기업 조직이 '관료주의(Bureaucracy)'에 매몰되었기 때문으로 진단한다.

기업 조직이 관료주의에 따라 움직인다는 의미는 무엇일까? 우선 저자가 주장하는 'Hierarchy of Human Capability at Work' 즉 기업에서 발현되는 6가지 인간 능력 위계에 대한 이해가 필요하다. 각 단계에 따라 인간 능력이 발휘되는 수준은 그림과 같다.

기업에서 발현되는 인간 능력의 위계

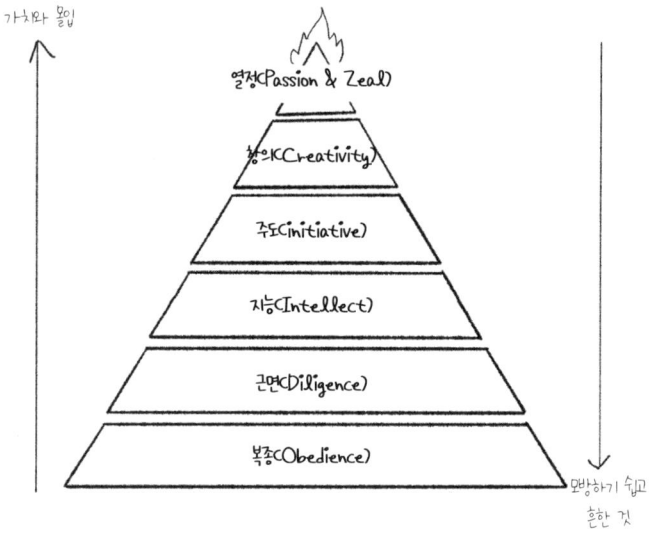

저자는 복종, 근면, 지능은 쉽게 구매할 수 있는 상품(commodity)에 해당하기 때문에 별다른 가치를 내지 못하고, 관료주의가 만연된 조직에서 일하는 방식이라고 말한다. 관료주의에서 인간은 일종의 도구이며 기업은 상품과 서비스를 만들기 위해서 사람을 고용한다고 접근한다. 이에 반해 휴머노크라시는 주도, 창의, 열정에 따라서 일한다는 의미이며 이런 기업에서는 차별적인 가치를 창출할 수 있다. 그리고 휴머노크라시에서 조직은 인간이 자기 삶을 더 낫게 만들고 영향을 주기 위한 도구이고 수단에 불과하다. 하지만 안타깝게도 많은 기업이 관료주의에 따라서 조직이 설계되고 움직이고 있다.

관료주의(Bureaucracy)가 지배하는 기업 조직

휴머노크라시 저자는 많은 기업에서 관료주의가 지배적인 모습이라고 주장하면서 이를 나타내는 특징으로 계층적(stratified), 형식적(formalized), 표준화적(standardized)인 모습을 지적한다. 실제 우리가 일하는 기업 조직을 생각해 보자. 조직도에서 서열을 명확히 보여주고 있지 않은가? 높은 직급에 있을수록 권한이 집중되어 있지 않은가? 전략이나 예산은 위에서 결정되어서 내려오지 않는가? 직무를 최대한 자세히 기술하고 정의해 놓지 않는가? 모두 승진하려고 서로 경쟁하지 않는가? 높이 올라갈수록 보상이 커지지 않는가? 이러한 질문에서 "그렇다"라는 대답은 우리가 얼마나 관료주의가 뿌리 깊게 내재된 조직에서 일하고 있는지를 보여준다. 그리고 이는 저자가 주장하는 휴머노크라시, 즉 주도적이고, 창의성이 넘치고, 열정적으로 일하는 인간의 능력과는 완전히 반대되는, 이에 따라 소멸의 길을 걷고 있는 기업에 속해 있다는 의미이기도 하다. 아래 표는 관료주의와 휴머노크라시가 기업 조직에서 어떻게 다르게 나타나게 되는지를 보여준다.

관료주의(Bureaucracy)	휴머노크라시(Humanocrary)
• (조직 내) 권력은 자리에 따라 결정된다 (Power is vested in positions) • 전략은 위로부터 결정된다 (Strategy is set at the top) • 자원은 명령에 따라 분배된다 (Resources are allocated by fiat) • 혁신은 특화된 활동이다 (Innovation is a specialized activity)	• 영향력은 같이 일하는 동료로부터 획득된다 (Influence is earned from one's peers) • 전략은 개방된 조직 전체의 소통이다 (Strategy is an open, firmwide conversation) • 자원은 시장 메커니즘을 통해 분배된다 (Resources are allocated via market mechanisms)

관료주의(Bureaucracy)	휴머노크라시(Humanocracy)
• 명령과 규정이 협업을 강제한다 (Mandates and policy force coordination) • 사람들은 역할에 들어가 있다 (People are slotted into roles) • 매니저는 업무를 할당한다 (Manages assign tasks) • 통제는 감시와 규율에서 나온다 (Controls comes from oversight and rules) • 지원 조직은 독점적 서비스 제공자이다 (Staff groups are monopoly service providers) • 개인은 승진을 위해서 경쟁한다 (Individual compete for promotion) • 사업부 조직은 위로부터 내려온 목표에 따라서 평가받는다 (Units are judged against top-down targets) • 보상은 (조직 내) 서열에 비례한다 (Compensation correlates with rank) • 직원들은 재무적인 업사이드를 거의 가지고 있지 않는다 (Employees have little financial upsides) • 관리자의 순위가 존재한다 (There are ranks of managers) • 중요한 거래와 교환은 위에서 진행된다 (Critical trade-offs are made at the top)	• 혁신은 모든 사람의 업무이다 (Innovation is everyone's job) • 협업은 협동의 산물이다 (Collaboration is the product of collaboration) • 역할은 개인의 스킬에 맞춰서 만들어진다 (Roles are built around individual skills) • 팀들이 일을 나눈다 (Teams divide up work) • 통제는 솔직함과 동료에게서 나온다 (Control comes from transparency and peers) • 지원 조직은 외부 벤더와 경쟁한다 (Staff groups compete against external vendors) • 개인은 가치를 더하기 위해서 경쟁한다 (Individual compete to add values) • 사업부 조직은 자체적인 손실에 대해서 책임진다 (Units are responsible for local P&Ls) • 보상은 영향력에 비례한다 (Compensation correlates with impact) • 직원들이 의미 있는 수준의 재무적 업사이드를 가지고 있다 (Employee have significant financial upside) • 팀과 개인들은 자율적으로 스스로 관리한다 (Teams and individuals are self-managing) • 중요한 거래와 교환은 현지에서 최적화되어 진행된다 (Critical trade-offs are optimized locally)

출처 : Humanocracy: Creating organizations as amazing as the people inside them, 2020

그러면 왜 기업 조직에서 관료주의가 핵심 사상과 운영 원리로 작용하게 된 것일까? '뷰로크라시(bureaucracy)' 단어는 '책상에 의한 지배'를 뜻하며 18세기 초반 프랑스에서 처음 등장했다. 이후 관료주의 사상은 20세기 초반 독일의 철학자 막스 베버(Max Weber)에 의해서 완성된다. 막스 베버는 관료주의는 정확성, 안정성, 엄격성, 신뢰성 측면에서 과거 어떤 조직 형태보다 탁월하다고 평가했다. 그리고 기업 조직에서 관료주의는 '테일러리즘(Taylorism)'이라고 불리는 프레더릭 테일러(Frederick Taylor)의 과학적 관리법(Scientific Management)에 의해 실현된다. 1900년대 초반 정립된 과학적 관리법의 목표는 인간을 기계와 같이 정확하고 효율적인 존재로 만드는 것이다. 이를 위해서 작업을 표준화하고, 조직 위계를 공고히 하고, 차별적 성과급제를 통해 직원 의욕을 높이려고 했다.

또한 테일러리즘은 근로자(worker)와 관리자(manager)를 명확하게 구분하여 근로자는 별다른 생각 없이 관리자의 결정과 통제를 받아서 주어진 과제를 수행하도록 요구한다. 즉 직원의 자율과 판단은 생산성 향상에 저해 요인이므로 오직 관리자에게 그 역할을 맡겨야 한다는 사상이다. 당시 테일러리즘은 수 많은 기업에게 생산성 향상이라는 엄청난 성공을 가져오게 되었고 기업들은 조직의 효율성을 위해 인간을 배제한 관료주의를 정착시켜 왔다. 해멀 교수는 한 세기가 지나면서 관료주의를 배제한 조직 구조를 상상하기 어려울 정도로 우리는 이 체제에 너무나 익숙하게 되었다고 지적한다.

HR과 관료주의(Bureaucracy)

내가 속한 기업은 얼마나 관료적일까? 휴머노크라시(Humanocracy)의 저자는 BMI(Bureaucratic Mass Index)라는 10가지 문항의 설문 문항을 통해 조직 내 관료주의 측정을 제안한다(https://www.

humanocracy.com/course/BMI 에서 측정 가능). 10개 문항에 답변하면 가장 관료적인 100점을 기준으로 점수가 나타난다. BMI의 첫 번째 문항은 현장 직원부터 CEO까지 얼마나 많은 단계가 있는지를 물어본다. 저자들의 연구에 따르면 조사에 참여한 기업의 평균은 6개 단계, 종업원 5천 명 이상의 큰 기업은 대개 8개를 넘는 단계로 나타났다. 또한 관료적이며 부가적 업무(예를 들어 보고서 준비하기, 리뷰 미팅 참석하기, 승인받기, 스태프 부서 요청 준수하기 등)에 얼마나 시간을 쓰는지를 조사했는데, 기업 직원들은 무려 27%의 시간을 별로 가치가 없는 일에 소비하는 것으로 밝혀졌다.

휴머노크라시 저자는 기업에서 관료주의를 지지하고 강화하는 대표적인 분야가 HR, 회계, 법무 등으로 구성된 스태프 기능이라고 주장한다. 저자는 특히 HR에 비판적인데, HR은 규칙과 규정을 만들어 사람을 통제하고 체제에 순응하게 만들기 때문에 자율과 창의를 방해한다고 지적한다. 저자는 스태프와 관리자 집단을 합쳐서 '관료적 클래스(bureaucratic class)'로 부르면서 미국에서만 2천6백만 명, 전체 근로자의 18.4%가 여기에 해당한다고 말한다. 나아가 이들 집단이 미국 전체 임금의 3분의 1을 차지하고 있어서 휴머노크라시를 통해 조직 구조를 바꾸고 스태프 직원 업무를 혁신하면 얼마나 큰 경제적 가치를 만들어낼 수 있는지를 상상하라고 주장한다.

관료주의를 극복하자!

지금까지 기업 조직의 관료주의와 이를 극복하기 위해서 게리 하멜

(Gary Hamel)교수 등이 제안한 휴머노크라시의 기본 개념을 살펴보았다. 저자는 미래 조직의 답을 인간에게서 찾고자 휴머노크라시를 제안했고 이를 막는 근본 원인으로 관료주의를 주범으로 지목했다. 우리는 4차 산업혁명과 같이 빠르게 변화하는 시대에서 관료주의는 극복해야 하고, 나아가 실리콘밸리의 스타트업과 같이 조직을 기민하고 민첩하게 움직이도록 변화시켜야 한다는 점을 부인하지 않는다. 하지만 우리는 의미 없는 보고서 작업에, 형식적인 결재에, 맹목적인 규정을 따르면서 시간을 허비하고 있는 현실에 살고 있다. 바로 우리가 부정하고 타파하고 싶어 하는 관료주의가 조직 생활에 너무 깊게 스며들어 있어서 알고도 고치지 못하는 상황이다. 또한 기업 CEO를 비롯해 관료적 클래스로 인해 현재의 권력을 놓지 않으려는 관성이 너무 크게 작용하고 있다.

하지만 관료주의를 깨지 않고는 미래 조직의 해답이 없다는 것은 부인하기 어려운 사실이다. 지금까지 우리는 수많은 새로운 경영기법을 배우고 이를 도입하려고 노력했다. 린 경영, 창의성, 학습 조직, 애자일 조직 등등. 하지만 대부분 결론은 '이론만 훌륭하다.' '현장은 다르다.' '한국 기업 현실과 동떨어졌다.' 등으로 실패의 원인을 잘못 찾아왔다. 게리 하멜(Gary Hamel) 교수는 그 원인이 관료주의이고 이를 깨뜨리지 않고는 어떠한 이론과 기법도 성공하지 못할 것이라고 주장한다. 그럼 관료주의는 어떻게 극복될 수 있을까? 해멀 교수는 바로 휴머노크라시를 도입해야 한다고 말한다. 다음 장에서는 '휴머노크라시를 만드는 7가지 원리'에 대해서 살펴보고자 한다.

17
휴머노크라시를 만드는
7가지 원리[1]

휴머노크라시의 두 번째 이야기를 시작하기 전에 휴머노크라시와 관료주의를 다룬 앞의 내용을 간략히 요약해 보자. 휴머노크라시의 저자인 런던대 경영대학 게리 하멜(Gary Hamel) 교수와 경영컨설턴트 미셸 자니니(Michele Zanini)는 현대 조직은 무력하고, 관성적이고, 때로는 어리석다고 지적한다. 그리고 조직의 무능력은 20세기 초반 탄생한 테일러리즘의 확산과 생산성 향상이란 달콤한 결과물을 경험하게 되면서 조직 효율성을 위해 인간을 배제한 관료주의가 정착된 결과라고 주장한다. 그리고 한 세기가 지나면서 관료주의를 배제한 조직 구조는 상상하기 어려울 정도로 우리는 이 체제에 너무나 익숙하게 되었지만, 한 가지 확실한 점은 관료주의는 컴퓨터 혁명과 네트워크의 발전으로 빠르게 변화하는 환경에서 기업의 소멸을 재촉하고 있다는 사실이다. 이에 해멀 교수는 회

---

[1] 이 원고는 「월간 인사관리」 2021년 4월호에 실린 '휴머노크라시(Humanocrary), 기업경영의 미래를 제시하다'라는 기획 연재의 두 번째 글이다.

복력, 창의성, 그리고 열정을 지닌 완전한 인간(fully human)을 회복해야 한다고 강조하며, 관료주의를 극복하기 위한 대안으로 휴머노크라시라는 새로운 경영 이념을 제안한다.

지금부터는 휴머노크라시를 움직이는 원리(principle)에 대해서 살펴보고자 한다. 해멀 교수는 원리는 조직의 'DNA'라고 비유하며 책의 상당 부분을 휴머노크라시를 움직이는 7가지 원리를 설명하는 데 할애한다. 저자는 원리가 어떻게 정립되어 있느냐에 따라서 조직 내 절차(process), 관행(practice), 성과(performance)가 완전히 달라진다고 주장한다. 그럼 휴머노크라시가 극복하려는 관료주의는 어떤 원리를 가지고 있을까? 관료주의 경영의 근본 원리는 조직 효율성(organizational efficiency)이며, 이는 계층화(stratification), 전문화(specialization), 형식화(formalization), 표준화(standardization)에 의해서 극대화된다고 가정한다. 그리고 효율성 추구 원리는 목표 수립, 자원배분, 직무설계, 채용, 성과평가, 보상으로 이어지는 일련의 절차(process)를 만들어낸다. 이는 KPI를 정의하고, 타깃을 정하고, 과제를 할당하고, 진도를 점검하고, 성과물을 평가하는 판에 박힌 관행(practice)으로 이어진다. 결국 관료주의적 절차와 관행은 정렬(alignment), 통제(control), 그리고 수익성(profitability)이란 성과물을 최대로 달성하게 만든다. KPI, alignment, control 등등. 우리는 이러한 용어에 너무나 익숙하지 않은가? 저자는 관료주의가 정확히 이러한 절차, 관행, 성과가 나오도록 설계되었다고 강조한다. 하지만 문제는 새로운 경영 패러다임에서는 사람이 더 이상 조직의 도구나 자원이 되어서는 생존이 어렵다는 점이다. 휴머노크라시가 제시하는 인간 중심(human-centric) 조직을 설계하는 7가지 원리는 다음과 같다.

원리 1: 오너십의 힘(The Power of Ownership)

휴머노크라시가 잘 구현된 조직의 좋은 예는 스타트업이다. 성공적인 스타트업을 관찰하면 몇 가지 공통적인 특징을 가지고 있는데, '

1) 사람들이 새로운 분야를 만든다는 열정으로 똘똘 뭉쳐 있다
2) 팀의 사이즈는 작고, 회사 내 단계가 거의 없다.
3) 역할이 매우 느슨하게 정의되어 있고, 정책은 매우 우연하다
4) 야심적 목표와 꽉 찬 일정은 모두에게 도전이지만 적은 자원으로 더 많은 결과를 내기 위해 최선을 다한다
5) 별다른 형식은 없고 가장 선호하는 커뮤니케이션 방식은 전체 직원이 참여하는 올-핸즈 미팅(All-hands meeting)이다' 등등이다.

그리고 스타트업 성공 요인은 '창업가 정신(entrepreneurship)'으로 요약되는데, 저자는 창업가 정신의 핵심에는 '오너십(ownership)'있다고 주장한다. 최근 연구에 따르면 미국 사람의 62%가 자기 사업을 시작하는 꿈을 꿨다고 답했는데, 이 숫자는 밀레니얼 세대에서는 77%로 올라가는 것으로 나타났다. 그리고 이들이 창업을 꿈꾸는 가장 큰 이유로 "나 스스로 운명을 결정할 수 있어서"란 답을 꼽았다. 게리해멀(Gary Hamel)교수에 따르면 큰 기업에는 뛰어난 역량과 열정을 지닌 사람들로

가득하지만 휴머노크라시 조직이 되지 못하는 이유가 이들이 자기 업무에 오너십을 느끼지 못하기 때문이라고 지적한다. 관료주의로 고통받는 이들에게 임파워먼트를 통해 오너십을 갖도록 해야 한다.

원리 2: 시장의 힘(The Power of Markets)

우리는 소수 권력자가 모든 것을 결정하는 공산주의 계획 경제가 얼마나 비효율적이고 비합리적인지 잘 안다. 이에 반해 자유시장 경제가 얼마나 큰 장점과 우위를 지니고 있는지를 명확히 이해하고 있다. 하지만 안타깝게도 관료주의 기업에서는 마치 계획 경제와 같이 위계 정점에 있는 CEO나 소수의 임원에게 의사결정 권한이 집중되어 운영된다. 또한 시장 경제의 장점은 경쟁을 통해서 최상의 산출물을 만드는 기업이 결국 소비자의 선택을 받게 되지만, 저자는 기업 내 많은 기능이 시장의 원리와 반하게 독점(monopoly)적 지위를 누리고 있다고 지적한다. 대표적으로 HR, 기획, 구매, IT, 재무, 법무 등 운영 부서들은 독점적 서비스를 제공하므로 커다란 권력을 행사하고 관료주의를 강화한다.

저자는 IT 시스템 업그레이드에 몇 달이나 몇 년이 걸리는 현상, HR 제도의 유연성이 떨어져서 최고 인재 유지나 보상을 어렵게 만드는 현상, 비용을 줄이는 데 집착한 재무 임원이 고객 가치에 대해서 전혀 관심을 가지지 않는 현상 등이 독점적 내부 기능의 폐해 사례라고 주장한다. 휴머노크라시 조직이 되기 위해서는 하향식(top-down) 의사결정 모델의 한계를 인정하고, 다수 기업 구성원이 의견을 모을 수 있도록 집단 지성의 힘을 키워야 한다. 또한 관리 기능 조직을 더 작게 만들고 외부 서비스 제공 업체와도 경쟁이 필요하다.

원리 3: 능력주의의 힘(The Power of Meritocracy)

과거 계급 사회에서는 왕, 귀족, 농부, 노예는 능력이 아닌 태어난 신분으로 삶이 결정되었다. 하지만 계몽주의 시대와 시민혁명을 거치면서 계급 질서는 무너졌고 오늘날은 신분이 아닌 능력에 따라 개인의 삶이 바뀔 수 있다는 믿음은 보편적 가치가 되었다. 즉 능력주의(Meritocracy)에 기반하기 때문에 우리는 뛰어난 예술 작품과 스포츠 기록에 경탄하고, 의사 자격은 의사 시험을 통과한 사람에게만 주어져야 한다고 생각한다. 능력주의를 무시한 조직이나 사회, 나아가 국가는 결국 무너지고 소멸해왔다는 사실을 역사는 증명한다.

그럼 현대 조직은 충분히 능력주의에 기반해서 움직일까? 「하버드 비즈니스 리뷰」에서 발표한 설문 결과에 따르면 대기업에 다니는 직원의 76%는 정치적 행동이 기업 내 진급에 크게 영향을 준다고 답했다. 해멀 교수는 현대 기업이 철저한 능력주의에 따라서 운영되기 어려운 이유에 관료주의가 있다고 주장한다. 특히 중요한 이슈는 높은 리더가 결정해야 한다는 믿음에 따라 CEO를 마치 슈퍼히어로로 만드는 관료주의적 위계체계가 능력주의의 주요 방해 요인이다. 휴머노크라시 조직에서 영향력과 보상의 크기는 서열이 아닌 능력과 가치 창출과 더 밀접히 관련된다. 따라서 조직 위계와 권력은 동적인 개념으로 끊임없이 변화하고 움직여야 한다.

원리 4: 공동체의 힘(The Power of Community)

심리학자 매슬로우의 욕구 이론에 따르면 생리 욕구(physiological needs)와 안전(safety needs) 위에 소속과 애정(belongingness and love needs)이 위치한다. 즉 사람은 어떤 집단에 소속되고자 하는 사회적 존재이고 상대방에게 인정받고 받아들여지게 되므로 정서적 강인함과 회복력을 지니게 된다. 해멀 교수는 연대감의 중요성을 지적하면서 휴머노크라시 조직에서는 신뢰에 기반하는 깊은 관계를 형성하게 된다고 주장한다. 그리고 미국 내 다른 어떠한 항공사보다 경영 성과가 뛰어난 사우스웨스트(Southwest) 항공을 공동체 효과를 가장 잘 구현한 조직으로 소개한다.

사우스웨스트 직원들이 자주 쓰는 표현이 '가족(family)'이라는 점은 공동체 의식과 연대감이 조직 전체에 잘 스며들어 있음을 보여준다. 나아가 휴머노크라시는 개인이 아닌 공동체의 노력으로 지금까지 경험하지 못했던 어려운 문제를 해결하게 만든다. 앞으로 4차 산업 혁명이 가속화되면 우리는 전혀 새로운 기술을 경험하게 될 것이다. 가령 '자율 주행 차량'이라는 새로운 과제는 많은 분야의 전문가들이 인간 지식의 최대치를 확장하고 상호 협력의 공동체를 통해서 그 해결책을 만들고 있다. 이와는 반대로 관료주의는 카드 회사에서 수백만 건의 신용카드 거래를 처리하듯이 정해진 룰에 따라서 해결되는 일상적 과제에서만 뛰어날 뿐이다.

원리 5: 개방성의 힘(The Power of Openness)

해멀 교수가 주장하는 개방성은 조직 내에서 의견과 사고가 자유롭게 개진되고 뛰어난 생각에 대해서는 누가 제안했든지 받아들이는 문화이다. CEO에게 "누가 회사의 전략을 정하나요?"라고 질문을 하면 대부분 "제가 하죠" "혹은 임원진이 하죠"라는 답을 듣는다. 저자는 이게 바로 문제의 핵심이라고 지적한다. 관료주의적 하향식(top-down) 의사결정 구조는 이단아적인 생각을 금지하고, 일치단결에 대한 집착은 새로운 기회 탐색을 제거하고, 비밀주의는 중요한 정보를 묻어두게 만든다. 저자는 이를 '관료주의적으로 유도된 실명(bureaucratically induced blindness)'라고 지적한다.

PwC의 조사에 따르면 기업 임원의 73%가 자신 회사의 전략이 혁신적이지 않다고 느끼고 있었고, 오직 13%의 임원만이 자신 조직은 미래를 대비하는 실력을 만들어가는 로드맵을 가지고 있다고 답했다. 저자는 이러한 결과는 소수에게만 의존하는 '닫힌 전략(closed strategy)'을 집착하기 때문이라고 진단한다. 문제는 더 이상 닫힌 전략을 가진 기업은 생존이 어렵다는 점이다. 휴머노크라시는 모두에게 개방된 사고를 강조하기 때문에 다수에게 뛰어난 생각과 전략을 가지고 이를 주저없이 제안하게 하는 '열린 전략(open strategy)'을 강조한다. 아무리 CEO나 소수 임원이 똑똑하고 지능이 높다고 해도 다수가 제안하는 혁신의 양을 이길수 없기 때문이다.

원리 6: 실험의 힘(The Power of Experimentation)

인간이 40억 년 진화, 즉 실험의 산물이듯이 조직도 끊임없이 변화하고 발전해야 한다. 즉 조직도 얼마나 많은 새로운 시도를 통해 변화를 위해 노력했는지에 따라 진화가 되거나 도태가 된다. 해멀 교수는 세계 최대 전자상거래 업체 아마존의 성공은 끊임없이 상향식(bottom-up) 실험을 강조하는 문화에 있다고 분석한다. 아마존 CEO 제프 베이조스(Jeff Bezos)는 "우리의 성공은 매년, 매월, 매주, 매일 얼마나 많은 실험을 했는지의 함수이다"라고 말했는데[2], 그가 최근 발표한 저서의 제목도 '발명과 방황(Invent & Wander)'일 정도로 아마존의 실험 정신은 유명하다. 아마존이 실패하기에 세상에서 가장 좋은 장소라고 불리는 것처럼 휴머노크라시는 실패를 두려워하지 말고 새로운 아이디어를 직접 해보라고 강조한다. 이에 반해 최대한 정형화된 체계를 중요시하는 관료주의는 새로운 실험과 도전은 위험한 행동으로 인식한다.

원리 7: 역설의 힘(The Power of Paradox)

우리 삶은 트레이드오프(trade-off)를 수반하는 선택의 연속이다. 주말에 친구의 이사를 도울지 혹은 등산을 통해 재충전의 시간을 가질지는 역설을 동반하는 선택이다. 선택하지 않은 다른 대안도 분명 의미가

---

[2] 원고 발표 당시의 아마존 CEO는 제프 베이조스(Jeff Bezos)였으나, 2021년 7월 5일 창업자 제프 베이조스(Jeff Bezos)가 CEO 자리에서 물러나고 신임 CEO로 앤디 재시(Andy Jassy)가 취임했다. 1997년 아마존에 입사한 앤디 재시는 아마존의 클라우드 컴퓨팅 서비스 사업 조직인 아마존웹서비스(AWS)를 만들고 이끌어온 인물이다.

있지만 한쪽을 택했기 때문에 다른 하나는 포기할 수밖에 없기 때문이다. 조직도 서로 역설이 되는 선택에 직면하는데 해멀 교수는 탐색과 활용(explore vs exploit)의 트레이드오프를 통해 이를 설명한다.

아래 그림과 같이 새로운 것을 찾는 탐색(explore)은 성장, 유연성, 장기, 혁신, 창의성, 스피드, 위험 감행의 선택으로 나타나며, 기존의 것을 이용하는 활용(exploit)은 수익, 규모, 단기, 실행, 규칙, 근면, 신중의 선택으로 나타난다. 즉 하나의 선택은 다른 선택의 트레이드오프가 된다. 저자는 당신의 기업은 어디에 더 상대적 우선순위와 중요성을 두는지를 평가하라고 주문한다. 대개 규모가 큰 기업일수록 오른쪽에 치우친 결과가 나타나는데, 대기업일수록 안정성을 중시하는 관료주의 가치가 강하게 영향을 주기 때문이다. 저자는 제약 산업 예를 통해 이를 설명한다. 2018년 전 세계 제약 산업은 10개의 큰 기업들이 전체 R&D 비용의 42%에 해당하는 760억 달러 비용을 사용했지만, 그해 승인받은 59개 신규 약품의 15%만이 10대 대기업의 연구실에서 탄생했다. 나머지는 매출 10억 불 미만의 작은 규모의 제약 회사들이 만든 성과물이다. 이들은 탐색(Explore)의 가치를 선택하여 휴머노크라시를 구현한 기업이라 할 수 있다.

탐색과 활용(Explore vs Exploit)의 Trade-off

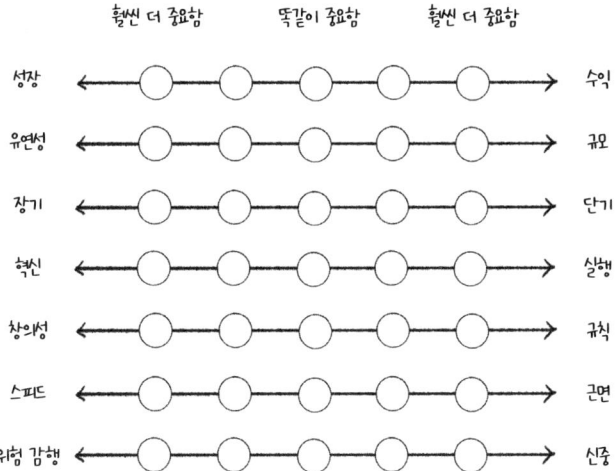

출처 : Hummanocracy-Creating Orgarnization as the People Inside, 2020

18 휴머노크라시 사례와 실행 방법[1]

휴머노크라시의 마지막 이야기는 실제 기업 사례이다. 휴머노크라시의 저자인 런던대 경영대학 게리 해멀(Gary Hamel) 교수와 경영컨설턴트 미셸 자니니(Michele Zanini) 책 전반에 걸쳐서 다양한 기업 사례를 소개한다. 이를 통해 저자들은 휴머노크라시가 책상에서만 주장하는 관념적이고 이상적인 개념이 아니라 실제 기업 현장에서 실현됐고 앞으로도 더욱 많은 기업이 적극적으로 도입해서 적용해야 하는 현실적 경영철학이라고 강조한다. 특히 휴머노크라시는 스타트업과 같은 신생의 작은 기업에서만 실현 가능하다는 잘못된 신념에 도전하기 위해 저자들은 익숙한 이름의 큰 기업들의 성공 원인을 휴머노크라시 관점에서 분석하여 제시한다. 즉 기업 크기나 나이에 상관없이 모든 조직은 휴머노크라시를 향한 변화가 가능하다고 저자들은 주창한다. 휴머노크라시 책에서

---

[1] 이 원고는 「월간 인사관리」 2021년 5월호에 실린 '휴머노크라시(Humanocrary), 기업경영의 미래를 제시하다'라는 기획 연재의 마지막 글이다.

는 여러 기업이 소개되어 있지만 본 원고에서는 대표적 두 개 기업 사례를 살펴보고자 한다.

첫 번째 사례: 뉴코어(Nucor), 제품이 아니라 사람을 만들다!

뉴코어는 미국 최대 제철 회사이다. 본사는 노스캐롤라이나주의 샬롯에 위치하고 전체 직원은 약 2만 6천명이다[2]. 뉴코어의 제철 생산량 2310만 톤으로 세계 14위의 규모지만, 1989년 세계 철강업계에 일대 혁신을 불러일으킨 전기로 제철 방식을 최초로 도입한 기업으로 유명하다. 2020년 231억 달러의 매출을 기록했고, 1969년 이후 지난 2008년 글로벌 금융위기를 제외하고는 한 번도 적자를 기록한 적이 없는 제조업체로서 경이로운 실적을 보이고 있다[3]. 실제 동종업체와의 비교에서 뉴코어의 성적은 압도적으로 뛰어나다. 지난 2014년부터 2018년까지 5년간 자료를 분석한 결과, 직원당 매출(revenue per employee)은 동종업체 663달러지만 뉴코어 805달러였고, 직원당 이익(net income per employee)은 14달러와 42달러로 그 격차가 더 크게 나타났다. 이러한 실적은 시장가치에 그대로 반영되어 5년 동안 뉴코어는 주주 이익률(total returns to shareholders)은 무려 37.7%로 동종의 다른 철강 기업이 기록한 1.4%와 커다란 격차를 보였다.

---

[2] 뉴코어의 2021년 경영 보고서에 따르면 전체 팀메이트(Teammate, 직원에 대한 뉴코어의 표현) 수는 2만 9천 명에 이른다.

[3] 뉴코어는 2021년 회계연도에도 364억 달러의 매출과 92억 달러의 영업이익을 보고하여 기록적인 성장을 이어가고 있다.

뉴코어의 이런 실적은 어디서 오는 것일까? 휴머노크라시 저자는 서열보다는 얼마나 이바지를 했는지를 중시하고, 규정 준수보다는 혁신에 더 가치를 부여하는 뉴코어의 독특한 기업 문화에 있다고 설명한다. 그럼 뉴코어는 이러한 휴머노크라시 문화를 어떻게 구축했을까?

해멀 교수는 뉴코어의 철저한 분권형(decentralized) 조직 운영에서 그 답을 찾는다. 뉴코어는 철저하게 독립적으로 운영되는 75개 지역 사업체의 연합체 형태로 운영된다. 대개 하나의 사업체는 1~2개의 제철소를 운영하고 있고, 각각 사업체가 구매, 생산, HR 등의 대부분 기능을 수행한다. 그리고 이들 사업체는 독자적인 손익(P&L) 구조로 되어 있다. 뉴코어의 분권화는 자연스럽게 본사 기능을 최소화하는 데 실제 샬롯 본사에서 일하는 뉴코어 팀메이트는(뉴코어에서는 직원을 'teammate'로 부름) 100명 정도에 불과하다. 즉, 뉴코어 본사에는 R&D, 영업, 마케팅, 전략, HR 등 기능이 없으며, 본사에서 CEO를 제외한 유일한 임원은 CFO이다. 뉴코어 본사는 대규모 투자 요청을 심사하거나 각 사업체의 공통 성과 기준을 만드는 등의 최소 역할만을 수행한다.

뉴코어의 분권화 그리고 이를 통한 조직 내 계층을 최대한 줄이려는 노력은 각 사업체에서도 같은 모습으로 실행되고 있다. 뉴코어의 임원과 관리자는 전체 직원의 2%도 안되는데 이는 다른 제조업과 비교했을 때 무려 4배나 적은 숫자이다. 하지만 여전히 드는 의문은 "분권화 전략은 많은 기업이 시도할 수 있는데, 왜 유독 뉴코어에서만 성공하게 되었을까?"이다. 휴머노크라시 저자는 뉴코어의 창업자이자 전 CEO

인 켄 아이버슨(Ken Iverson)의 신념이 기업문화에 잘 스며들었기 때문이라고 말한다. 아이버슨 전 CEO는 미국 경영계에서 이단아로 불리는데 그는 자신의 저서인 'Plain Talk'에서 "평범한(ordinary) 사람도 비범한(extraordinary) 일을 수행할 능력을 지니고 있있다"라는 신념을 가지고 사람 중심으로 기업을 운영했다고 밝혔다. 가령 혁신적인 방식으로 생산성과 성장에 이바지하면 이를 반드시 보상하도록 했는데, 뉴코어의 직원들의 기본급은 업계 평균의 75% 수준이지만 팀이 받는 변동급 비중을 높여서 전체 보상은 동종업계 직원보다 25% 이상 받고 있다. 또한 뉴코어에서는 임원과 직원 간의 차이를 주는 제도가 거의 없다. 임원을 위한 차량도 없고, 골프 회원권도 없고, 전용 주차장이나 전용 제트기도 없다. 즉, 직원들을 평등하게 대하고 최대한 권한을 현장과 실무자에게 위임하여 주인의식과 도전의식에 기반한 기업문화를 만들게 되었다.

두 번째 사례: 하이얼(Haier), 모두를 창업자로!

하이얼은 1984년 장루이민 현재 회장이 칭다오의 국영 냉장고 업체를 맡으며 시작된 기업이다. 당시 칭다오 냉장고 공장은 높은 불량률로 악명 높은 부실기업이었고, 만성적인 적자를 내면서 1년간 공장장이 수차례 바뀌는 등 최악의 경영상태를 나타냈다. 직원들도 공장의 아무 데서나 소변을 보고 공장 비품과 자재를 마음대로 가져가는 등 기업의 생존과 미래가 불투명한 흔한 국영기업의 운명을 지닌 것으로 보였다. 하지만 장루이민이 공장장을 맡은 후 강도 높은 혁신을 통해 모든 것을 바꾸었고 1986년에는 흑자를 경험하게 되었다. 이후 하이얼은 해외 기업 M&A를 본격적으로 추진하면서 글로벌 경영의 시동을 걸었으며, 현재 하이얼은 Casarte(중국), GE 가전(미국), Candy(이탈리아), Fisher & Paykel(뉴질랜드), AQUA(일본) 등 다양한 브랜드를 가지고 있으며 전 세계 160여 개 국에서 약 10만여 명의 직원을 보유하고 있다. 특히 지난 2016년 100년 전통의 미국 GE 가전 부문을 손에 넣으면서 세계 최대 가전업체로 도약하는 계기를 마련했다. 시장조사기관 유로모니터(Euromonitor)에 따르면 하이얼은 2009년부터 12년 연속으로 글로벌 가전 브랜드 1위를 달성한 중국 대표 기업이 되었다.

그럼 하이얼은 부실한 국영기업에서 어떻게 세계 가전 시장의 1위 기업으로 부상하게 되었을까? 장루이민 회장의 품질에 대한 집착과 더불어 하이얼의 기업이념인 '런단허이(人单合一, 영어로는 Rendanjheyi)'에서 답을 찾을 수 있다. '런단허이'는 장 회장이 지난 2005년 처음 발표한 개념으로, '직원과 가치 있는 주문서, 즉 고객과의 하나 됨'을 의미한다. 구체적으로 각각의 개별 직원이 모두 경쟁력 있는 시장 목표를 가져야 한다는 것으로 각각 소비자의 수요에 기반한 주문서를 받고 직원과 기업은 이를 개별 생산하고 최고의 품질을 보장해야 한다는 내용이다.

「휴머노크라시」 저자는 하이얼의 '런단허이'에 주목하면서 장 회장의 품질과 고객밀착형 경영의 성공 원인에는 느린 의사결정과 위험 회피 성향으로 대표되는 관료주의를 과감히 타파했기 때문이라고 말한다. 하이얼의 기업 구조는 일반적인 대기업과는 완전히 다르다. 중국어로 소기업을 뜻하는 '샤오웨이(小微)' 영어로 'ME(Microenterprise)'가 기업 구조의 단위이다. 일종의 스타트업과 같은 형태인데 하이얼은 전체 직원을 4,000여 개의 ME로 분류했고, 하나의 ME는 10~15명으로 만들었다. 공장 생산조직과 같이 상대적으로 규모가 큰 ME도 100명을 넘지 않는다. ME는 크게 세 가지 형태로 나뉘는데, Incubating ME(신규 사업 추진, 50여 개), Transforming ME(가전 분야를 기반으로 혁신주도, 약 200여 개), Node ME(생산, 연구개발, 유통, HR, 회계, 영업, 마케팅 등, 3800여 개)이다.

아래 그림은 ME가 어떤 방식으로 유기적으로 연결되어 운영되는지를 보여준다. 도시 청년층 특화 냉장고를 맡은 '즈성 ME(Zhisheng ME)'는 생산 Node ME 가운데 하나를 선택하게 되고, 선택된 생산 Node ME는 즈성 ME에 특화된 냉장고를 생산하며 판매에 따른 이익을 나눠 갖는다. 따라서 HR을 포함한 Node ME들은 사업자 ME의 선택을 받기 위해 자체적인 경쟁력을 높이기 위해 부단히 노력하게 된다. 동시에 사업자 ME가 실패하면 연결된 다른 Node ME도 같은 타격을 입게 된다. 따라서 사업자 ME가 목표 달성을 못 할 위험이 감지되면 연결된 모든 ME가 문제해결을 위해 달려들게 된다. 하이얼은 ME라는 작은 단위 조직 구조를 통해 모든 직원이 스타트업 창업가처럼 사고하고 행동하도록 만들었는데, 이는 장루이민 회장이 말한 "우리의 목표는 모든 직원이 스스로 CEO가 되게 하는 것"이라는 경영 철학이 구현된 것이라 하겠다.

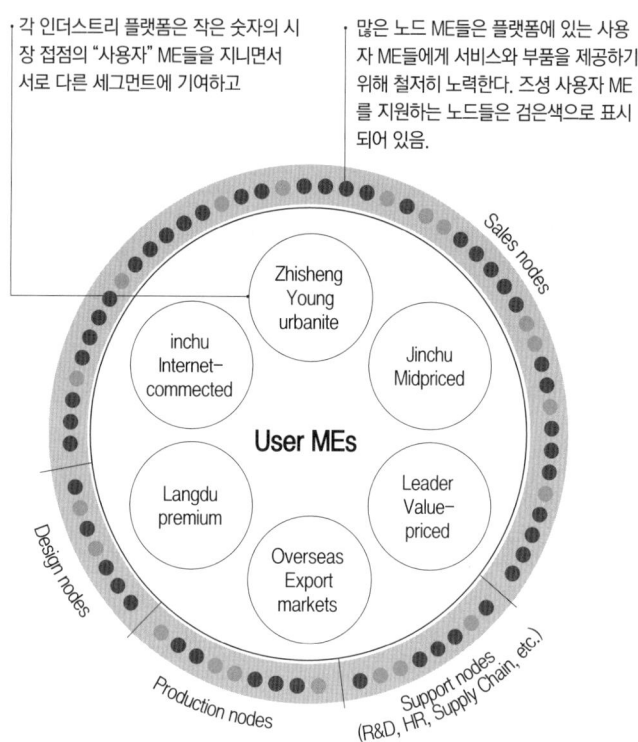

출처 : The End of Bureaucracy, Harvard Business Review, 2018

마치며

지금까지 게리 해멀 교수와 미셸 자니니 신작 저서 「휴머노크라시」의 핵심 개념과 주요 사례를 살펴보았다. 저자는 책의 후반부에 "사람이 도구를 만든 후에 그 도구가 사람을 만든다"라는 격언을 소개하면서, 150년 전에 만든 관료주의 사상을 만든 것은 인간이지만 이후 관료주의는 조직에서 인간을 배제한 끔찍한 결과를 가져오게 되었다고 일갈한다. 하지만 해멀 교수는 휴머노크라시를 통해 조직 내 인간을 회복할 수 있고 이를 통해서 컴퓨터 혁명과 네트워크의 발전으로 빠르게 변화하는 4차 산업 환경에서 기업이 생존할 수 있다고 주장한다. 그리고 인간 중심의 조직을 구현할 수 있는 7가지 원리(오너십, 시장, 능력주의, 공동체, 개방, 실험, 역설)를 제안한다.

나아가 앞서 소개한 뉴코어와 하이얼과 같은 실제 기업 사례를 통해 현실에서 휴머노크라시가 구현된 모습을 설명하는 데, 실제 책에서는 더 많은 기업 사례를 분석하여 휴머노크라시는 어디서나 가능하다는 점을 강조한다. 미국 항공사인 사우스웨스트 에어라인(Southwest Airlines), 프랑스 타이어 기업 미셰린(Michelin), 스웨덴 대형 은행인 한델스방켄(Handelsbanken) 등도 휴머노크라시를 구현한 좋은 사례로 소개한다.

「휴머노크라시」 저자는 기업에서 관료주의를 지지하고 강화하는 대표적 분야로 HR을 지적하고 신랄하게 비판한다. 하지만 이는 역설적으로 HR이 기업을 관료주의에서 벗어나 휴머노크라시로 전환하는 가장 중추적 역할을 할 수 있다는 의미이다. 우선 HR 담당자는 본인이 하는 업무가 조직 효율성이라는 명분 아래 관료주의 체계를 더욱 공고화하는지에 대해 스스로 성찰이 필요하다. 그리고 내가 일하는 기업이 얼마나 관료주의에 포획되어 있는지를 BMI(Bureaucratic Mass Index, 이야기 16 참조) 등의 문항을 통해 확인해야 한다. 해멀 교수는 관료주의를 해체하는 과정은 다이너마이트가 아닌 벽돌을 하나하나 없애는 방식이 되어야 한다고 말하며, 첫 번째로 자신의 반성과 권한위임에서 시작하라고 충고한다. "Creating organizations as amazing as the people inside them(기업 안에 있는 뛰어난 사람만큼 뛰어난 조직 만들기)"이라는 책의 부제가 말해 주듯이 우리는 실제 엄청난 능력을 갖춘 사람들로 가득 찬 기업에서 일하고 있다. 이들의 엄청난 능력이 관료주의로 인해 사라지게 할 것인지, 반대로 인간의 회복을 통해 엄청난 능력을 발휘하게 할지에 대해서 고민하고 또 고민해야 한다.

리더십의 위기, 그 원인은?[1]

    2021년 6월 21일 미국 「뉴욕타임스」는 실리콘밸리를 대표하는 구글의 위기를 분석하는 기사를 실었다[2]. 구글은 정말로 위기에 처해 있을까? 우선 외형적인 실적만을 살펴보면 구글이 어렵다고 진단하기는 무리다. 2020년 구글 모회사 알파벳은 매출 1,825억 달러(약 203조원)와 영업이익 412억 달러(약 45조원)를 달성해 역대 최고 실적을 기록했다. 코로나19 팬데믹으로 인한 전 세계 봉쇄 조치는 인터넷 사용 시간 증가로 이어졌고, 이는 구글 매출의 가장 큰 비중을 차지하는 온라인 광고 매출 급증으로 연결되었다. 구글의 뛰어난 사업 성과는 2021년에도 진행

---

[1] 이 원고는 월간 인사관리 별책 부록인 Chief Human Resource Officer(CHRO)의 2021년 가을호에 게재되었다.

[2] 「뉴욕타임스」 기사 제목은 'Google Executives See Cracks in Their Company's Success'이며, 기사는 링크는 https://www.nytimes.com/2021/06/21/technology/sundar-pichai-google.html 이다.

중이다. 알파벳의 2021년 1분기 매출은 553억 달러(약 63조원)로 지난해 같은 기간보다 34% 늘었고, 순이익은 179억 달러(약 20조원)로 무려 162% 증가했다[3]. 알파벳 주가도 이를 반영하여 2020년은 31%를 상승했고, 2021년 1월부터 7월 16일까지 상승률은 47.1%를 상회했다. 같은 기간 S&P500의 상승률이 16.9%임을 감안하면 구글은 위기가 아니라 더 이상 좋을 수 있을까 싶은 정도로 완벽한 경영 성과를 보여주고 있다.

그럼 「뉴욕타임스」는 어떤 측면에서 구글의 위기를 진단한 것일까? 바로 리더십이다. 「뉴욕타임스」는 "기업을 몰락으로 이끄는 씨앗은 모든 것이 잘되고 있을 때 뿌려진다"라는 비즈니스 세계의 격언을 전하면서, 구글 CEO인 순다르 피차이의 리더십이 위기의 원인이라고 예단했다. 알파벳 CEO이자 구글 CEO를 맡고 있는 순다르 피차이는 1972년 인도에서 태어난 인도계 미국인으로, 인도 공과대학교 금속공학 및 재료공학 학사, 미국 스탠퍼드 대학교 재료과학 및 진성 반도체 물리학 석사 학위를 받았다. 2002년에는 펜실베이니아대학교 와튼스쿨에서 경영학 MBA 과정을 마쳤고, 맥킨지 & 컴퍼니에서 경영컨설턴트로 일하다가 2004년 구글에 입사했다. 2008년 구글 크롬 웹 브라우저를 출시하는 데 결정적 역할을 했고, 기존 대표이사였던 에릭 슈미트가 알파벳 회장으로 옮겨

---

[3] 알파벳의 2021년 전체 매출은 2,576억 달러로 전년 대비 41.15% 성장했다. 순이익은 760억 달러를 기록해 2020년 대비 88.81%가 증가했다. 2021년 기준으로 지난 10년 동안 알파벳의 누적 평균 성장률(CAGR)이 21.12%임을 고려하면, 2021년은 코로나19 특수가 크게 작용했다고 하겠다.

가면서 2015년 구글 CEO로 선임되었다. 2014년 마이크로소프트(MS) CEO 자리를 제안받았으나 구글에 남는 것으로 결정해 사티야 나델라가 MS CEO로 선임된 것으로 알려졌다.

피차이 CEO의 리더십 스타일을 잘 나타내는 단어로 친절한(nice) "부드러운(affable)" "절제하는(low-key)" "사려 깊은(thoughtful)" 등이 미국 언론에 자주 등장한다. 한마디로 조용하면서 튀지 않는 신중한 사람이라는 평가이다. 훌륭한 리더의 모습이라 할 수 있는데 「뉴욕타임스」는 피차이 CEO가 소극적인 의사결정으로 '혁신의 상징 구글에서 혁신을 사라지게 만든다'라는 비판에 직면했다고 비판했다. 「뉴욕타임스」가 익명을 전제로 인터뷰한 전, 현직 구글 임원들은 "피차이 CEO가 핵심 사업에 대해 중요한 결정을 미룬다"라고 답했고, 주위 시선을 지나치게 의식해 인사나 조직문화에서 과감하게 결단하지 못하는 점도 임직원들의 주요 불만이라고 지적했다.

한 예로 2018년 법률 담당 임원 선정 작업을 시작했는데 피차이 CEO가 최종 결정을 내리는 데까지 무려 1년이나 걸렸다. 결국 구글 법률팀의 할리마 드레인 프라도(Halimah DeLaine Prado)를 승진시켰는데, 할리마 드레인 프라도는 첫 후보 리스트에 있던 인물이었다. 결국 피차이 CEO가 쉽게 인사 결정을 내리지 못해 법률 리더십 공백이 1년이나 지속된 것이다.

조직 내 혁신이 사라지고 있다는 비판과 더불어 피차이 CEO에게 가장 큰 도전은 인재의 이탈이다. 지난해부터 최소한 36명의 임원이 구글을 그만뒀는데, 400명에 이르는 임원은 구글 사업을 이끄는 핵심인데 이 중 10% 가까운 인재가 피차이 CEO를 떠난 것이다. 더욱 큰 이슈는 이러한 인재 이탈이 갑자기 진행된 것이 아니라는 점이다. 2018년 구글 임원 12명은 회사가 상당한 성장통을 겪고 있으며 임원 피드백이 중요 결정에서 무시당한다는 내용의 경고성 이메일을 피차이 CEO에게 전달했다. 「뉴욕타임스」는 이를 잘 나타내는 예로 '쇼피파이(Shopify)' 인수가 무산된 사건을 들었다. 몇 년 전 구글 임원진은 아마존에 도전하기 위해 전자상거래 플랫폼 쇼피파이 인수를 제안했지만, 피차이 CEO는 인수가가 비싸다며 거부했고, 이후 쇼피파이 주가는 10배 가까이 급등했다.

결론적으로 「뉴욕타임스」는 피차이 CEO의 신중한, 바꾸어 말하면 의사결정이 느린 리더십이 구글 위기의 원인이라고 진단한 것이다. 하지만 앞서 보았듯이 구글의 재무적 사업 실적은 매우 견고하고, 2조 달러 향해가는 구글의 시가총액은 미래 성장에 대한 기대감을 높이기에 충분하다[4]. 따라서 CEO 리더십이 구글의 위기로 이어질지에 대해서는 의문이 크다. 하지만 많은 기업에서 CEO 리더십이 조직 경쟁력과 지속성에 위기 요인이 된다는 점은 부인할 수 없는 사실이다. 그럼 CEO 리더십 위기는 왜 발생하게 되는 것일까? 다음의 4가지 구조적 요인에서 그 원인을 찾고자 한다.

[4] 2021년 11월 8일 장중에 알파벳 주가는 주당 3,012달러까지 치솟아 알파벳의 시가총액 2조 달러를 달성했다. 하지만 이날 최종 주가는 2,980.6달러로 마감하여 종가 기준으로는 시가총액 2조 달러에 이르지 못했다. 알파벳 전에 시총 '2조 달러 클럽'에 들어간 기업은 애플과 마이크로소프트이다.

원인 1: 대기업병과 관료주의

많은 기업은 조직의 규모가 커지면서 위계와 서열이 강화되고, 높은 직급에 권한이 집중되고, 현장 부서보다는 관리 부서의 파워가 강화되고, 사내 정치가 만연되고, 보고가 많아지면서 의사결정이 느려지는 현상이 나타나기 쉽다. 소위 '대기업병'으로 불리는 현상이다. 어쩌면 구글도 이러한 과정에서 자유롭지 않은 듯하다. 구글은 2015년 순다르 피차이가 CEO를 맡은 후에 직원의 숫자가 2배가 늘어서 현재 14만 명의 거대 공룡 IT 기업이 되었다[5]. 최근 구글에서 16년간 근무한 후 퇴사한 데이비드 베이커(David Baker) 전 구글 수석 엔지니어가 뉴욕타임스와 인터뷰에서 "구글이 재정적으로 더 안전해질수록 위험을 회피하려는 경향도 더 커졌다"라는 지적도 같은 맥락이라 하겠다.

2020년 게리 해멀 런던대학교 경영대학 교수와 경영컨설턴트 미셸 자니니는 신작 저서인 「휴머노크라시(Humanocracy)」를 를 통해 많은 기업 조직이 '관료주의(bureaucracy)'에 매몰되었기 때문에 조직적인 무능력이 나타난다고 주장했다. 저자들은 기업들에게 나타나는 관료주의 특징으로 계층적(stratified)•형식적(formalized)•표준화적(standardized)인 모습을 지적했다. 대부분 성공한 기업이 초창기 기민하고 민첩한 조직 문화를 유지하지 못하고 조직이 비대해지면서 관료주의 확대, 혁신과 도전 정신의 상실, 고객과 소비자의 외면, 결국 기업의 소멸로 이어진다는

---

[5] 2022년 12월 기준으로 알파벳 전체 직원 수는 190,234명이다.

사실을 경영의 역사는 증명하고 있다. 1955년 Fortune 500 기업 중에 현재도 남아있는 기업은 11%에 불과하고, 1950년대 S&P 500에 속한 기업 평균 연령이 약 60년 정도였지만 지금은 20년도에도 못 미친다는 사실이 이를 잘 보여준다.

원인 2: 내부 CEO가 겪는 도전

피차이 구글 CEO는 2004년에 구글에 입사했다. 11년이 지나고 CEO로 승진한 경우이므로 조직 내 경쟁을 이기고 가장 높은 자리까지 올라간 내부 CEO이다. 2020년 임원 서치펌 위트키퍼(Wittkieffer)의 CEO인 앤드류 체스테인과 IMD 비즈니스 스쿨의 마이클 왓킨스 교수는 하버드 비즈니스 리뷰를 통해 "어떻게 내부 CEO가 성공하는가(How Insider CEOs Succeed)"라는 원고를 발표했다. 이들은 글로벌 회계법인 PwC가 전 세계 2,500개 기업의 CEO 승계에 관한 조사를 인용하면서 전체 기업의 83%에서 내부 승진자가 CEO 자리를 이어받고 있으며, 내부 CEO는 5가지 도전 상황에 직면한다고 주장했다. 첫째, 내부 CEO는 자신의 과거 그늘에 갇히는 경우가 발생한다. 이는 회사 내 사람들이 너무 잘 알기 때문에 오히려 잘못된 기대감이나 편견이 생기는 상황으로, 가령 CFO에서 CEO로 올랐을 때 "그 사람은 재무통이니 품질에는 별로 신경을 안 쓸 것이야"라고 편향적 판단하는 경우이다.

두 번째 도전은 자신이 CEO가 되기를 지지했던 사람들이 뭔가 특혜를 기대하거나 지지 그룹과 갈등을 빚는 상황이다. 많은 경우 내부 CEO

는 지지자의 실망에 민감해지고 어려움을 느끼게 된다. 세 번째는 과거 동료였거나 CEO가 되는 과정에서 동등한 입장에서 경쟁했던 사람들을 이끌어야 한다는 점이다. 네 번째는 변화의 속도에 집착하는 경우이다. 내부 CEO는 오랫동안 조직을 어떻게 다르게 경영할지에 대해서 생각했던 일들을 빠르게 추진하고 싶은 욕망을 느낀다. 당연히 CEO가 너무 많은 것을 한꺼번에 시도하면 조직의 피로도와 실패 위험은 올라간다. 끝으로 퇴임하는 CEO와 관계이다. 대개 내부에서 선임된 CEO는 퇴임 CEO와 세밀한 인수인계가 진행될 수 있는 충분한 시간을 갖는다. 이 과정이 자연스럽지만 동시에 명확한 시점을 두고 전임과 후임의 역할이 구별되도록 진행되어야 한다.

원인 3: 과잉 확신과 기회주의

전략적 HRM 연구 분야의 대가이자 미국 사우스캐롤라이나 경영대학의 패트릭 라이트 교수는 기업 CEO가 쉽게 빠지는 두 가지 결점은 '과잉 확신(Hubris)'과 '기회주의(Opportunism)'라고 주장한다. 과잉 확신은 CEO에게 흔히 발견되는 문제점이다. 대개 CEO가 되는 사람들은 강한 자기 확신과 자존감을 지녔고, 이들에게 점점 성공 경험이 쌓이게 되면서 내부에는 자신의 의견에 무조건 찬성하는 예스맨(yes-man)들이 많아지고, 외부에서도 뛰어난 리더라고 칭송하는 분위기가 형성되면서 자신도 모르게 자신이 추진하는 모든 일은 다 잘될 것이라는 잘못된 확신을 하게 되는 것이다. 기회주의는 CEO가 자신의 지위와 권력을 이용해 회사보다 개인 이익을 우선시하는 행동 경향이다. 기회주의도 강한 야망과 자아의식에서 시작하며 CEO 보상 결정과 같은 이해관계가 개입된 상황에서 가장 잘 드러난다. 라이트 교수는 미국 기업 CEO가 받는 천문학적 보상에 대해서 기회주의가 개입되었다고 주장한다.

CEO가 '과잉 확신과 기회주의'라는 함정에 빠지게 되면 개인뿐만 아니라 기업에 있어서 커다란 폐해가 발생한다. 문제는 CEO가 되기 전에는 이런 결점이 잘 드러나지 않으며 오히려 결단력이나 강한 자아의식 등으로 포장된다는 점이다. CEO가 되고 나서는 이러한 결점이 강화되고 결국 파국적인 결말로 끝나는 경우가 종종 발생하게 된다. 매년 수많은 CEO가 윤리적 이슈로 중도에 불명예 퇴진하는데 바로 이들이 '과잉 확신과 기회주의'라는 늪에 빠져서 결국 헤어 나오지 못했다고 할 수 있다. 사내 연애 금지 규정을 어겨 2018년 6월 인텔 CEO에서 물러난 브라이언 크르자니치, 2019년 11월 재임 시절 다수의 직원과 성적 관계를 맺어서 맥도날드 CEO에서 쫓겨난 스티브 이스터브룩(Steve Easterbrook), 2019년 12월 두 차례의 추락으로 346명의 생명을 앗아간 '보잉 737 맥스 참사'에 대한 책임으로 CEO 자리에서 퇴진했지만, 퇴직금으로 3천9백만 달러(약 450억)를 챙겨간 데니스 뮬런버그(Dennis Muilenburg) 등등이 이에 해당한다고 하겠다.

원인 4: MBA 교육의 한계

CEO 리더십은 어떻게 개발될 수 있을까? 교육과 훈련을 통해서 기업 경영에 필요한 리더십이 만들어질 수 있을까? 매우 까다로운 질문이지만 미국 대학의 비즈니스 스쿨은 매우 단정적 입장으로 "가능하다. 특히 우리 학교 MBA 프로그램을 통해서"라고 답을 한다. 대부분 비즈니스 스쿨은 리더십을 주요 과목으로 교육하고 있고, 많은 CEO가 MBA, 즉 경영대학원 석사 학위를 통해서 경영자로서 역량을 획득했다고 믿는다. 최근 미국 CNBC 보도에 따르면 Fortune 500 기업 CEO 가운데 무려 40%가 MBA 학위를 가지고 있었다. 구글의 피차이 CEO도 미국 최초의 비즈니스 스쿨인 펜실베이니아대학교 와튼스쿨에서 MBA 과정을 마쳤다.

하지만 MBA가 훌륭한 CEO를 만든다는 실증적인 결과는 찾기 어렵다. 2008년 미국 「월스트리트 저널」이 뽑은 '가장 영향력 있는 세계 50대 경영 사상가'로 뽑힌 캐나다 맥길 대학의 헨리 민츠버그 교수는 경영대학의 MBA가 그다지 효과적이지 않다고 주장한다. 민츠버그 교수는 MBA 프로그램이 재무, 회계, 마케팅과 같은 개별 분야 교육은 담당하지만, 실제 경영을 위한 능력을 키울 수 없다는 태도다. 실제 1970년부터 2008년까지 MBA 학위를 지닌 444명의 CEO와 학위가 없는 CEO를 비교한 연구에서도 두 집단이 기업 성과에서 차이를 만들지 못했다. 한편 휴머노크라시의 저자 게리 해멀(Gary Hamel) 교수는 산업화 초기 기업으로부터 주목받았던 'management' 분야의 인기가 1980년부터 시들면서 비즈니스 스쿨과 컨설팅 회사가 'leadership'이라는 새로운 상품을 만들었다고 주장한다. 나아가 비즈니스 스쿨은 리더십 교육이라고 포장하지만, 실제는 관리자 역할을 준비시키는 수준이며, 아무리 좋은 리더십 교육도 결국 경쟁과 위계로 짜인 관료주의 조직체계 내에서는 별다른 소용이 없다고 일갈했다.

코로나19와 일의 미래

2020년 1월 22일은 미국에서 첫번째 코로나19 환자가 발생한 날이다. 이후 3년이 되어가는 시점에서 미국은 전 세계에서 가장 많은 확진자와 사망자를 기록하고 있다. 코로나19 통계를 발표하는 월드오미터(Worldometer)에 따르면 2021년 11월 26일 기준으로 미국의 누적 확진자는 1억 4십만 명을 넘어섰고, 사망자는 110만 명을 초과했다[1]. 이는 확진자 2위 국가인 인도(4천 4백만 명)와 사망자 2위 국가인 브라질(68만 명)을 크게 웃도는 수치이다. 코로나19 초창기였던 2020년 4월 통계 분석 기관인 스태티스타(Statista)는 미국에서 약 10만 명에서 24만 명의 코로나 사망자가 발생할 것으로 내다봤다[2]. 그 당시 미국 언론도 유사

[1] https://www.worldometers.info/coronavirus/ 참조

[2] https://www.statista.com/chart/21305/projected-coronavirus-deaths-compared-to-historical-events/ 참고

한 전망을 보도하면서 미국인이 다수가 사망한 역사적 사건들 (9/11 참사: 2,977명, 아프가니스탄 및 이라크 전쟁: 5,669명, 한국 전쟁: 33,739명, 베트남 전쟁: 47,434명, 2차 세계대전: 291,557명) 가운데서 1위인 2차 세계대전에 육박할 수 있다고 전했다.

하지만 바이러스 유행이 시작한 지 3년이 채 지나지 않은 시점에서 미국인 사망자는 2차 세계대전 사망자의 4배 가까이 이르고 있다. 앞으로 코로나19가 어떠한 변이를 일으켜서 전 세계를 또다시 위협할지는 모르지만, 객관적인 수치는 미국이 코로나19 팬데믹에 가장 큰 타격을 받은 국가라는 사실을 명확히 보여주고 있다. 특히 코로나19 백신과 치료제가 없었던 팬데믹 초기에 미국 사회는 엄청난 공포와 불안에 빠졌고, 미국 정부는 '스테이 엣 홈(stay-at-home)' 즉, 강제적 재택 명령을 통해서 사람 간 접촉을 최대한 줄이는 방식으로 대처했다. 정부의 재택 명령에 기업들은 별다른 선택지 없이 재택근무(working from home) 정책을 도입하여 팬데믹 상황에서 기업 활동의 연속성을 유지하였다.

재택근무 실험 결과는 긍정적

미국 정부의 코로나19 정책이 효과적이었는지, 특히 주정부별로 다른 시점에 시행된 재택 명령과 연방정부의 방역 및 격리 조치가 실효성이 있었는지는 논란이 큰 주제이다. 하지만 코로나19 팬데믹은 미국 기업들을 한꺼번에 재택근무하는 거대한 사회적 실험에 참여하게 만들었고, 이제 3년 가까운 실험을 끝내면서 많은 기업이 불안감을 지우면서 나름대로 효과를 확인하게 되었다. 재택근무와 같은 원격근무 모델은 코로나19 팬데믹 이전에도 여러 기업에서 선도적으로 시도되었고, 영업과 같은 외부 활동이 높은 일부 직무에서는 이미 허용되고 있었다. 하지만 재택근무를 전면적으로 도입하는 것에 대해서는 부정적 분위기가 높았다. 이를 대표하는 사건이 2013년 당시 혁신 기업을 대표하는 야후(Yahoo) CEO였던 마리사 메이어(Marissa Mayer)가 재택근무 정책을 전면 금지한 것이다. 표면적으로는 직원들이 모여 상호작용을 해야 하나의 야후가 될 수 있다고 발표했지만, 실제 문제는 재택근무 직원에 대한 신뢰가 없기 때문이었다. 당시 메이어 CEO는 직원들의 VPN 서버 접속 기록을 살펴보니 "집에서 일하는 직원이 대부분 일하지 않는다"라고 주장했다. 전반적인 재택근무에 대한 불신, 그리고 재택근무를 지원하는 IT 툴이 부족한 상황에서 미국 기업들이 선뜻 재택근무 확대를 결정하기 어려웠다.

재택근무에 대한 불신이 높은 상황에서 코로나19 팬데믹은 매우 짧은 시간에 사회 전반적으로 재택근무에 대한 인식 변화를 만드는 기회가 되었다. 「월스트리트 저널」은 글로벌 컨설팅 업체 PWC가 시행한 설문조사를 인용해 2020년 6월 임원의 73%가 원격근무가 성공적이라고 생각한다고 답했으나 2021년 1월 같은 조사에서는 그 응답이 83%로 10%포인트나 증가했다고 밝혔다. 직원들을 대상으로 한 설문에서도 "완전 원격근무를 원한다"라는 응답이 2021년 1월 29%에서 8월에는 41%로 급증하는 등 임원과 직원 모두 재택근무에 대해 호의적 입장으로 변화한 점을 알 수 있다. 미국 경제 전문지인 「블룸버그(Bloomberg)」 통신의 발표에 따르면 미국인 1,000명의 설문조사의 응답자 39%는 "재택근무를 포기하느니 회사를 그만두겠다"라고 답했고, 전략 컨설팅 회사 맥킨지의 조사에서도 직장인의 30%는 "예전처럼 주 5일 사무실 근무로 돌아가면 새로운 일자리를 알아보겠다"라는 결과가 나왔다. 특히 젊은 세대일수록 재택근무에 대한 긍정적 인식이 높았는데, 블룸버그 조사에서 MZ세대의 경우 절반에 가까운 49%의 응답자가 재택근무와 같이 유연한 근무 프로그램(flexible workplace program)에 대해 강한 선호를 나타냈다.

하이브리드 모델은 진화 중

코로나19 팬데믹 기간 재택근무에 대한 충분한 실험을 마친 미국 기업은 본격적으로 재택과 사무실 근무를 혼합한 하이브리드 모델을 도입하고 있다. 하지만 모든 기업이 같은 형태의 하이브리드 모델을 채택하지는 않을 것이다. 좀 더 원격근무에 비중을 둔 기업도 있지만 반대로 사무실 근무를 기본으로 재택근무를 일부 혼합하는 형태도 나오고 있다. 기업 CEO의 성향도 중요하게 작용한다. 잭 도시 트위터 CEO[3] 나 마크 저커버그 메타(페이스북) CEO는 재택근무 효과성을 높이 평가하는 입장

---

[3] 2011년 11월 29일 잭 도시(Jack Dorsey) 트위터 CEO 자리에서 물러난다고 발표했다. 2006년 잭 도시는 비즈 스톤, 에반 윌리암스, 노아 글래스와 함께 트위터를 창업했고, 2008년까지 CEO로 재직했다. 하지만 취미를 즐기겠다며 조기 퇴근하는 등 불성실한 근무 태도로 인해 자신이 세운 트위터에서 해고되었다. 이후 트위터가 적자에서 허덕이게 되면서 전격적으로 2015년 CEO로 복귀했고, 2017년 4분기 트위터는 첫 흑자를 기록해 구원투수 역할을 훌륭히 수행했다고 평가받았다. 2009년 핀테크 업체 스퀘어를 설립했고 트위터로 복귀한 이후에도 스퀘어 CEO를 겸직했다. 이러한 스토리로 잭 도시는 종종 애플의 고인이 된 스티브 잡스에 비유되는 인물이다.

이다. 마크 저커버그(Mark Zuckerberg) 메타 CEO는 "재택근무로 가족과 더 많은 시간을 보낼 수 있게 돼 직장에서 더 행복하고 생산적으로 됐다. 앞으로 10년 내 페이스북 직원의 절반이 완전히 원격근무를 할 것"이라고 말했다. 잭 도시 트위터 CEO는 더 적극적이어서 "트위터 직원은 앞으로 영원히 원격근무를 할 수 있다"라고 밝혔다.

반면 사티아 나델라 마이크로소프트(MS) CEO나 제이미 다이먼(Jamie Dimon) JP모건 CEO는 재택근무에 다소 비판적이다. 나델라 MS CEO는 "재택근무로 사생활과 직장생활을 구분할 수가 없다. 직장에서 자는 것처럼 느껴지기도 한다"라고 비판했다. 이러한 기업들은 하이브리드 근무를 설계할 때 사무실 근무 비중을 더 높이는 방식을 채택할 예정이다. 하지만 대부분 기업은 일주일 중에 2일 혹은 3일 정도의 재택을 허용하는 방식으로 하이브리드 모델을 계획하고 있다. 2021년 5월 구글은 직원 60%가 일주일에 최소 3번 사무실로 출근해야 하는 하이브리드 근무 정책 도입을 발표했다. 당시 순다르 피차이 구글 CEO는 직원에게 보낸 이메일에서 "직원들은 사무실에서 약 3일을 보내고 그들이 가장 일을 잘할 수 있는 곳에서 이틀을 보내는 하이브리드 근무를 시작할 것"이라고 강조했다. 아마존의 경우는 2021년 6월 사무실 복귀를 선언하면서 1주일에 2일은 원격근무의 선택 기회를 주겠다고 발표했다. 즉, 주 3일 사무실 출근 방침으로 정했지만, 최근에는 출근 횟수를 더 자율적으로 운영하겠다는 변화된 정책을 발표했다. 2021년 10월 11일 아마존의 앤디 재시(Andy Jassy) CEO는 "주 3일 근무 기준을 지정하는 대신 개별 팀에게 결정을 맡길 것"이라고 밝혔다.

하이브리드 근무의 성공 방식

1) 공정성 문제와 차별이 생기지 않도록

2015년 스탠퍼드대 경제학 교수인 니컬러스 블룸(Nicholas Bloom)은 재택근무에 관한 흥미로운 연구 결과를 발표했다. 블룸 교수 연구팀은 중국 여행사 씨트립(Ctrip)의 16,000명을 대상으로 재택근무와 사무실 근무를 비교하는 실험을 9개월간 진행했다. 그 결과 재택근무에 참여한 집단에서 13.5% 생산성이 높았고, 퇴사율은 무려 50%가 더 낮았다. 이후 이 연구는 재택근무의 효과성을 뒷받침하는 중요한 연구 자료가 되었다. 하지만 시간이 지날수록 재택근무자의 승진 기회가 더 적고, 보너스도 더 적게 받는다는 사실을 발견했다. 아무래도 사무실에서 얼굴을 자주 보는 직원에게 성과와 능력과 상관없이 더 혜택이 주어진 것이다.

재택근무와 하이브리드 근무 형태가 확산하면 여성구성원 특히, 직장생활과 자녀 양육으로 어려움을 겪었던 여성 직장인이 좀 더 적극적으로 원격근무에 동참할 가능성이 크다. 최근 블룸 교수는 이러한 경향성을 언급하면서 직원들에게 일하는 장소와 시간을 선택하게 하는 방식은 직장 내 다양성(diversity)을 무너뜨릴 수 있다고 지적했다. 이에 성별과 관계없이 모든 구성원에게 같은 재택과 사무실 근무 비율을 적용하는 것이 더 바람직하다고 주장했다.

2) 협동과 혁신을 높이도록

미국 기업들이 앞다퉈 하이브리드 근무 도입을 발표하고 있지만 여전히 대면을 통한 협동과 혁신 저하에 대한 우려는 존재한다. 아무리 화상 기술이 발전했다고 하지만 사무실 내 우연한 대화와 충돌에서 새로운 아이디어가 나오게 되고, 이는 거대한 혁신의 씨앗이 된다는 사실을 부인하기 어렵다. 애플의 창업자인 스티브 잡스는 재택근무를 아주 싫어했는데 그의 전기에는 이런 대목이 나온다 – "창의성은 즉흥적인 회의와 무작위로 이루어지는 토론에서 비롯된다."

따라서 하이브리드 근무를 설계할 때 어떻게 사무실 내 협동과 대화를 만들어 낼지를 고려해야 한다. 이에 특정일은 다 같이 재택근무를 하고 다른 날은 사무실 근무가 원칙이라고 발표한 기업도 상당히 많다. 월가를 대표하는 자산운용 기업인 뱅가드 그룹(Vanguard Group)은 하이브리드 근무에 대해 월요일과 금요일만 재택근무를 허용할 것이라고 발표했다. 이는 재택근무에 대한 구성원의 요구를 충족시키되 일주일에 3일은 다 같이 사무실 근무를 통해 협동과 혁신의 문화를 유지하려는 시도로 해석된다.

3) 부정적 정서를 줄일 수 있도록

최근 미국 기업은 '턴오버 쓰나미(Turnover Tsunami)'로 불릴 정도로 높은 퇴사율 이슈에 어려움을 겪고 있다. 코로나19 팬데믹의 터널을 지나면서 직원의 자발적 퇴사가 많이 늘어나게 되었는데[4], 「월스트리트

저널」(WSJ)은 이 현상의 원인 중에 재택근무 영향도 있다고 주장했다. WSJ은 팬데믹 이후 취직한 이들의 이직률이 특히 높은 편이라고 전하면서, 재택근무 때문에 회사로 출근한 적이 없거나, 동료 직원과 얼굴을 맞대고 일한 경험이 거의 없다시피 하다 보니 조직에 대한 애착이 적어 쉽게 직장을 옮긴다고 분석했다.

하이브리드 근무가 성공적으로 정착하기 위해서는 재택근무자의 정서적 관리에 별도의 노력이 필요하다. 특히 재택근무 시에 느끼는 소외감(feeling left out)이나 불안감(anxiety)과 같은 부정적 감정은 소진(burnout)으로 이어지고 결국 구성원 몰입(employee engagement)을 떨어뜨리는 상황에 이를 수 있다. 지난 4월 하버드 경영대학의 에이미 에드먼슨(Amy Edmondson) 교수 등은 「하버드 비즈니스리뷰」를 통해 하이브리드 근무 형태에서는 '심리적 안전(psychological safety)'이 다시 중요해진다고 강조한 것도 같은 맥락이라 하겠다.

HR이 새로운 조직문화를 만드는 계기로

코로나19 이전에는 재택이나 원격근무는 좋은 기업에서 제공하는 일종의 베네핏 프로그램으로 여겨졌다. 'nice to have', 즉 있으면 좋지만, 꼭 필

---

[4] 자발적 퇴사자와 조기 은퇴자가 급격히 증가하는 현상을 설명하기 위해 '대퇴사 시대(Great Resignation)'라는 신조어가 태어났다. 이는 2021년 2월 미국 Texas A&M 대학 경영학과 교수인 안토니 클로츠(Anthony Klotz)가 언론과의 인터뷰에서 처음 사용한 후 크게 유행하게 되었다. 미국의 '대퇴사 시대'는 2021년 4월 400만 명을 넘는 퇴사자가 기록되면서 집중 조명되었고, 2021년 11월 451만 명의 퇴사자가 발생하면서 정점을 기록했다.

요한 것은 아니었다. 하지만 코로나19 팬데믹을 지나면서 재택근무에 대한 인식 변화가 전격적으로 일어났다. 2022년 7월 26일 세계경제포럼(WEF)이 발표한 설문조사 결과는 이러한 인식 변화를 잘 보여준다[5]. WEF는 코로나19 초창기인 2020년 5월부터 매달 미국 경영진과 직원 각각 6만여 명씩을 대상으로 원하는 주당 재택근무 일수를 조사했다. 일반적으로 경영진은 재택근무를 적게 원했고 직원들은 더 많은 재택근무를 원하였다. 두 집단 간의 차이는 2021년 1월 1.38일에서 2022년 6월에는 0.44일까지 좁혀졌다. 결국 경영진과 직원들의 인식 차이가 줄었다는 의미인데, 특히 경영진의 생각 변화가 크게 일어났다. 1년 6개월이라는 기간 동안 직원들이 요구한 재택근무 일수는 0.2일 정도 줄어든 것에 반해 경영진은 0.8일가량 늘었기 때문이다. 결과적으로 코로나19 동안 경영진 집단에서 재택근무에 대한 포용성이 커지는 방향으로 인식 전환이 일어났음을 알 수 있다.

재택근무에 대한 인식 변화 속에서 미국 기업들은 재택과 사무실 근무를 혼합한 하이브리드 근무를 빠르게 도입하고 있다. 일의 새로운 미래로 하이브리드 제도는 실리콘밸리 기업을 중심으로 빠르게 확산하고 정착될 전망이다. 이들 기업은 구성원의 자율과 유연성이 혁신과 창의성의 토대가 된다는 사실을 누구보다 잘 알고 있기 때문이다. 나아가 이번 코로나19로 인한 새로운 근무 형태에 대한 실험과 성공 경험은 미국 기

[5] https://www.weforum.org/agenda/2022/07/work-from-home-employers-workers-work-life 참조

업이 더 혁신적인 일의 미래를 창출하는데 두려움과 주저함을 크게 없앴다는 점에서 주목해야 한다. 앞으로 '주 4일제'와 같은 또 다른 모습의 근무 형태에 대해서도 미국 기업, 특히 실리콘밸리의 테크 기업들의 적극적인 도입이 예상되는 이유이다.

한편 하이브리드 근무 도입, 나아가 새로운 형태의 일의 미래는 새로운 기업문화를 만드는 아주 좋은 기회로 작용할 수 있다. 기업문화는 "여기서 일이 진행되는 방식(the way things work around here)"으로 정의된다. 새로운 근무 방식은 바로 일이 진행되는 방식의 근본적인 변화를 주문한다. 가령 하이브리드 근무에서 관리자의 역할과 범위는 사무실과 재택이라는 완전히 다른 두 공간으로 확대되게 되었다. 관리자가 바람직한 하이브리드 근무를 설계하기 위해서는 재택이라는 공간에서도 팀원의 상황을 파악할 수 있어야 한다. 결국 일과 개인 삶의 경계가 점점 희미해 질 것이고 여기에 맞게 관리자 역량 향상이 요구될 것이다. HR은 하이브리드 근무 혹은 새로운 일의 미래를 단순히 일하는 장소나 방식의 변화 정도로 여겨서는 안 된다. 이를 기회로 과거의 구태를 벗어나 완전히 새롭게 일이 진행되는 방식, 즉 기업문화를 혁신적으로 전환할 수 있는 너무나 소중한 기회로 인식해야 한다. 동시에 일의 미래에 대한 적시의 변화를 놓친 기업은 경쟁력 상실과 소멸의 길에서 벗어나기 어려울 것은 너무나 자명하다.

나이는 신경 안 쓰고 평생 엔지니어로 살 수 있어요!

다음 두 사람의 대화를 들어보자. 재훈과 승민은 대학 선, 후배로 둘 다 실리콘밸리에서 칩(Chip) 개발 분야의 엔지니어이다.

재훈: 선배님, 안녕하세요? 새로 옮기신 회사는 어때요?

승민: 이제 3달 되었는데, IC로 잡이 바뀌어서 너무 좋아.

재훈: 그랬어요? 지난 회사에서는 EM이었지요?

승민: 맞아. 3년 동안 EM을 했는데 너무 힘들었어. 앞으로 절대 EM 일은 하지 않으려고.

재훈: 저는 작년부터 EM을 맡았어요. 보람된 측면도 있는데, 제 적성에 맞는지 고민이 되네요. 너무 오래 하면 다시 설계 업무에 지장이 있을 것 같기도 하고요.

승민: 아직 판단하기엔 조금 이른 것 같네.

재훈: 네, 올해는 EM 제대로 해보고, 피드백 받아 보려고요. 아니면 내년에는 저도 IC로 바꾸려고 해요.

승민: 그래. 장, 단점이 있으니까 잘 판단하고. 난 아무래도 평생 엔지니어로 살 것 같아.

위의 대화는 실리콘밸리에서 흔히 볼 수 있는 장면이다. 이 대화를 이해하려면 실리콘밸리 엔지니어의 두 세계를 나타내는 IC와 EM에 대한 이해가 필요하다. IC는 'Individual Contributor'의 약자로, 번역하면 '개인 공헌자'이다. 한마디로 자기 전문 분야에서 맡은 과제를 수행하는 직원인데, 가령 코딩 업무가 주요 과제이면 개발 프로젝트가 끝날 때까지 본인 코딩 과제만 완성하면 된다. EM은 'Engineering Manager'를 의미하며, IC와 가장 큰 차이는 사람을 관리하는 책임을 진다는 점이다. 즉, EM은 다수의 IC를 관리하면서 프로젝트를 조율해가야 하므로 사람 관리(People Management)가 매우 중요한 역량이 된다.

그럼, EM은 IC의 상사이므로 더 높다고 봐야 할까? 혹은 EM이 되려면 IC 중에 일 잘하고 경력도 오래되어 승진하면 되는 건가? 실리콘밸리에서는 "반드시 그렇지는 않다"가 정답이다. IC와 EM를 다른 경력 패스(career path)으로 보기 때문에 하는 역할이 다르다고 이해한다. 따라서 경력이 30년이 넘은 IC

엔지니어가 10년도 안 된 EM의 지시를 받는 경우도 자연스럽게 받아들인다.

테크 기업의 경력 단계

지난 2015년 구글 최고인사책임자(CHRO)로 People Operation(구글에서는 HR부서를 People Operation으로 부름)을 이끌었던 라즐로 복(Laszlo Bock)은 「Work Rules」라는 베스트셀러를 출판했다. 한국어로는 「구글의 아침은 자유가 시작된다」로 번역된 책에서 라즐로 복은 구글 성공에 대해서 조직문화와 HR 관점에서 실제 사례와 함께 설명했다. 여기서 구글 직원이 거치게 되는 레벨을 소개하는데, Individual Contributor, Manager, Director, Executive의 4단계이다. 처음에는 IC로 입사해서, 리더십 역량이 확인되면 매니저로 시작해서 디렉터를 거쳐 임원에 이르게 된다. 그리고 바로 다음 문장에 "There's also a parallel track for technical people who remain individual contributors throughout their careers(커리어 내내 IC로 남는 기술직 인력을 위한 평행 경로도 있습니다)"라고 적었다. 즉 평생 IC로 남고 싶은 기술 인력을 위한 별도로 설계된 동일한 경력 트랙이 있다는 것이다. 이는 관리자로서 경영진이 되지 않아도 평생 기술자로 남으면서도 자기 경력을 유지할 수 있다는 의미이다. HR 분야에서는 이를 '듀얼 트랙(dual track)' 관리로 부르는데, 실리콘밸리에서는 구글뿐만 아니라 테크 기업에게 보편적으로 도입된 방식이다.

마이크로소프트의 소프트웨어 개발 분야는 SDE(Software Development Engineer), SDE II, Senior, Principal & Partner로 운영된다. 대개 SDE나 SDE II로 입사하게 되는데 이들은 IC로 본인에게 주어진 개발 업무만 책임진다. 이후 Senior가 되면서 리더십 역량이 있다고 판단되면 관리(management) 트랙에 들어갈 수 있다. 대부분 엔지니어는 기존 IC 트랙에 남으면서 Senior나 Principal로 경력을 발전시킨다. 기술 분야에서 IC 엔지니어는 기술적 지식이 얼마나 깊어지는지에 따라서 경력 발전이 이뤄지지만, EM으로 경력 전환이 이뤄진 엔지니어는 기술적 협업을 얼마나 잘 끌어내는지에 따라서 경력이 발전된다. 따라서 IC는 깊이(depth)가 중요하고, EM은 넓이(breadth)가 중요하다.

그럼 IC에서 EM으로 바뀌면 다시는 IC로 갈 수 없을까? 전혀 그렇지 않다. 앞서 대화에서도 볼 수 있듯이 EM을 해 봤다가 도저히 아니다 싶으면 다시 IC로 갈 수 있다. 다만 EM을 맡은 기간이 길어질수록 다시 IC로 갔을 때 예전과 같은 실력을 발휘하면서 경쟁력을 유지하기가 쉽지 않다. 그동안 자기 분야의 IC들은 더 깊게 파고들어서 전문성이 더 커졌기 때문이다. 따라서 IC로 쭉 지내는 것은 리스크는 적지만 오래 갈 수 있는 선택이 된다. 반면 EM으로 전환하고 나아가 디렉터에서 임원이 되는 기회를 잡는 것은 리스크가 큰 선택이지만 동시에 보상이 크다. 가장 중요한 점은 실리콘밸리에서는 두 가지 선택 모두 의미 있으며 존중 받는다는 사실이다.

갤럽의 5가지 매니저 탤런트

미국 조사 업체인 갤럽은 2015년 'State of the American Manager' 제목의 보고서를 통해 기업에서 성공하는 매니저가 어떤 모습이고 어떤 탤런트(Talent)를 가졌는지를 발표했다. 갤럽은 매니저 소질을 'Talent'라고 하면서 타고난 성향으로 보았는데, 보통 10명 가운데 1명 정도만 매니저로서 다른 사람을 이끌 Talent를 가졌을 정도로 뛰어난 매니저가 되기 쉽지 않다고 주장했다. 그리고 훌륭한 매니저에게 발견되는 5가지 공통적인 소질을 소개했는데, 다음의 5가지이다.

❶ 동기 부여자(Motivator): 이들은 자신과 팀의 실력을 높여 우수한 성과를 전달할 수 있도록 끊임없이 북돋아 준다.

❷ 자기 주도력(Assertiveness): 이들은 도전, 역경, 저항을 극복해낸다.

❸ 책임감(Accountability): 이들은 팀의 성공에 대해서 궁극적이 책임이 있다고 생각하고 이를 위해 팀을 조직하고 프로세스를 만든다.

❹ 관계 형성(Relationship): 이들은 팀원들이 서로 간, 동시에 고객과 강력한 관계를 형성할 수 있도록 긍정적이고 몰입할 수 있는 업무 환경을 조성한다.

❺ 의사결정(Decision Making): 이들은 앞서 생각하고, 분석하고, 대안을 마련하고, 이해관계를 조절하여 복잡한 문제와 이슈를 해결한다.

당연히 이 모든 탤런트를 가진 리더를 만나기란 쉽지 않다. 하지만 실리콘밸리 기업들은 이러한 리더를 찾고 양성하려고 노력한다. 자질이 부족한 관리자가 가져오는 폐해가 너무 크기 때문이다. 그 중에서도 가장 큰 손실은 형편없는 관리자는 사람을 떠나게 만든다는 점이다.

직장인들이 회사를 떠나는 이유

갤럽 연구가 보여 주듯이 훌륭한 매니저가 되어서 팀을 이끄는 것은 쉽지 않다. 특히 실리콘밸리 매니저는 세계적 수준의 기술 전문성을 가진 IC 엔지니어를 이끌면서 팀 전체 성과를 올려야 하므로 커다란 스트레스 상황에 놓이기 십상이다. 이에 많은 엔지니어는 매니저에 수반되는 책임과 역할이 부담스러우므로 스스로 평생 IC 엔지니어로 남기를 선택한다. 동시에 매니저 자질이 부족한 사람을 만나게 되면 IC 엔지니어는 회사를 떠나고, 회사는 뛰어난 기술 인재를 놓치게 되는 막대한 손실을 지게 된다.

2002년 실리콘밸리에서 창업했고 2016년 마이크로소프트가 인수한 전 세계 최대 구직/구인 소셜 네트워크인 링크드인(LinkedIn)이 발표한 인력 이직에 관한 연구는 우수 인재 이직에 대한 몇 가지 흥미로운 사실은 전달한다 (https://www.linkedin.com/pulse/3-industries-have-highest-talent-turnoverrates-michael-booz/ 참조). 우선 미국에서 어떤 인더스트리가 가장 우수 인재의 이직률이 높은지 살펴보았다. 아래 그림과 같이 실리콘밸리에 집중된 테크놀로지 인더스트리, 특히 소프트웨어 분야에서 직장인들의 퇴사가 빈번하게 발생했다.

퇴사율이 높은 분야

1. 기술(소프트웨어) 13.2%
2. 소매와 소비자 상품 13.0%
3. 미디어와 엔터테인먼트 11.4%
4. 전문 서비스 11.4%
5. 정부/교육/비영리리 11.2%
6. 금융 서비스와 보험험 10.8%
7. 통신 10.8%
8. 정유와 에너지 9.7%
9. 항공우주/자동차/교통 9.6%
10. 건강과 제약 9.4%

링크드인은 고급 인재가 회사를 떠나는 주된 이유를 조사했는데 첫 번째는 'opportunity for advancement' 즉 경력 발전에 대한 기회 부족으로 나타났다. 일반적으로 경력 발전은 수직적 혹은 수평적으로 일어날 수 있는데, 대표적 수직적 경력 발전은 승진이다. 가령 지금 SDE 레벨이고 현재 회사에서는 당장 승진 기회가 없지만 다른 기업에 입사하면서 SDE II 레벨로 점프가 되는 경우이다. 당연히 레벨 상승에 따른 금전적 보상도 따라오게 된다. 수평적 경력 발전은 다른 직무로 전환되는 경우이다. 가령 소프트웨어 개발 업무에서 상품 기획 업무로 경력을 전환하고 싶은데 현재 회사에서 방법이 보이지 않을 때 이직을 통해서 해결할 수 있다. 또한 IC에서 매니저 트랙으로 도전하고 싶은데 그 길이 보이지 않는 경우도 경력 개발을 이유로 이직이 발생하고는 한다.

전문가들이 회사를 떠나는 이유

45%	성장을 위한 기회가 부족할 것을 걱정함
41%	상위 경영층 리더십에 불만족함
36%	근무 환경과 문화에 불만족함
36%	더욱 도전적인 일을 원함
34%	보상과 복리후생에 불만족함
32%	나의 기여에 대한 보상과 인정에 불만족함

링크드인 조사에 따르면 두 번째 이직 이유는 매니저와 리더십에 대한 불만이다. 특히 실리콘밸리와 같이 인력의 빈번한 이동으로 노동 시장이 활성도가 높은 환경에서 직장인들이 잘 안 맞는 관리자 아래서 참고 일하기를 기대하기는 어렵다. 따라서 대인관계에 문제가 있는 관리자가 이끄는 팀은 주어진 과제에 대한 평가가 나오기 전에 팀원이 떠나서 무너지기에 십상이다. 그리고 앞서 첫 번째 요인으로 꼽힌 경력 발전에 대한 걱정도 리더와 매니저의 역할과 밀접한 관련이 있다. 매니저는 현재의 과제를 챙길 뿐 아니라 팀원과 소통을 통해 개별 팀원의 경력 개발에 대해서도 조언을 할 수 있어야 하고, 나아가 평상시

관심을 가지고 인간적인 측면에서도 세심하게 챙겨주어야 하기 때문이다. 그래서 "매니저 못 해 먹겠다"는 말이 절로 나오게 되는 것이다.

구글의 산소 프로젝트(Project Oxygen)

실리콘밸리에서 관리자 역할이 어렵다는 얘기는 동시에 뛰어난 관리자를 가지고 있으면 그 회사의 경쟁력이 높다는 의미가 된다. 이 진리를 상당히 일찍 깨달은 회사가 바로 구글이다. 2009년 구글의 피플 애널리틱스(People Analytics)팀은 'Project Oxygen'을 통해 구글 내 관리자에 관한 자료 1만 건 이상을 수집해 분석했다. 1년이 넘게 진행된 이 프로젝트의 가장 중요한 결론은 직원은 관리자의 기술적 능력보다 일대일(1 on 1) 미팅을 하고 직원의 삶과 경력 개발에 관심을 보이는 관리자를 선호한다는 점이었다. 너무 당연한 결론 같지만, 이 프로젝트 이전과 이후의 구글은 큰 변화가 있었다. 초창기 구글에서는 최대한 '직원을 내버려 두어라'가 기업문화였다. 따라서 팀원이 맡은 업무를 하게 내버려 두고 도움이 필요할 때 매니저를 찾아오면 매니저 본인의 기술적 능력으로 팀원을 잘 리드해줄 것으로 판단했다.

그러나 'Project Oxygen'을 통해 구글은 직원이 원하는 관리자의 특성을 알게 되었고, 이에 맞춰 관리자를 신중히 뽑아야 하고, 이들을 훈련하며 더 좋은 관리자로 변모하도록 돕는 것이 절대적으로 중요하다는 사실을 깨닫게 된 것이다. 또한 일 잘하고 업무 성과가 좋은 직원이 반드시 좋은 매니저와 리더가 되지 않는다는 것도 중요한 시사점이었다. 나아가 좋은 관리자가 될 수 있는 사람을 찾으려면 얼마나 기술적 지식이 있는지가 아니라 다른 사람과 어떻게 협업하고 어떤 방식으로 업무를 하는지 봐야 하는 것으로 나타났다. 이러한 시사점을 모아 'Project Oxygen'은 최종 결론으로 좋은 리더가 되기 위한 8가지 조건을 뽑았고, 향후 2가지가 추가되어 현재는 10개의 '구글 매니저 행동양식(Google Manager Behaviors)'이 구글에서 사용되고 있다.

구글 매니저 행동양식(Google Manager Behaviors)

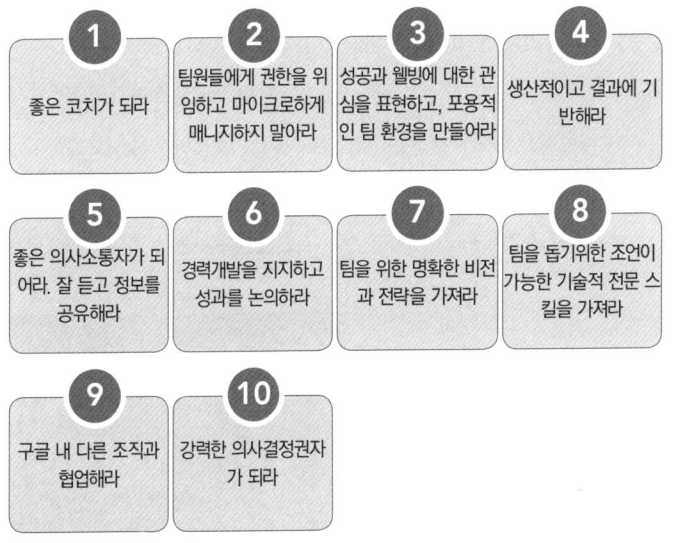

1. 좋은 코치가 되라
2. 팀원들에게 권한을 위임하고 마이크로하게 매니지하지 말아라
3. 성공과 웰빙에 대한 관심을 표현하고, 포용적인 팀 환경을 만들어라
4. 생산적이고 결과에 기반해라
5. 좋은 의사소통자가 되어라. 잘 듣고 정보를 공유해라
6. 경력개발을 지지하고 성과를 논의하라
7. 팀을 위한 명확한 비전과 전략을 가져라
8. 팀을 돕기위한 조언이 가능한 기술적 전문 스킬을 가져라
9. 구글 내 다른 조직과 협업해라
10. 강력한 의사결정권자가 되라

여행 Tip

실리콘밸리 차고(Garage)에서 혁신의 시작을 느끼다!

HP, 구글, 애플의 공통점은? 몇 가지가 떠오른다. 일단 IT 기업들이고, 실리콘밸리에서 탄생했다. 그리고 이들 모두 차고(Garage), 주택가의 평범한 차고에서 시작한 기업들이다. 처음 시작할 때 아무도 성공할지 몰랐다는 의미인데, 지금은 '실리콘밸리 차고 신화(Silicon Valley Garage's Myth)'란 말이 생겼을 정도로 많은 '스타트업'과 '차고'는 극적이고 감동적인 이미지가 결합되어 있다.

실제 이들 기업 차고는 방문해서 볼 수 있는데, 미리 알고 가지 않으면 너무 작고 초라해서 그냥 지나칠 정도이다. 그래도 이 작은 차고에서 전 세계를 움직이는 기업이 탄생했다고 생각하면 왜 실리콘밸리의 많은 스타트업이 꿈과 아이디어만을 가지고 도전하는지를 느낄 수 있다.

HP Garage

'실리콘밸리의 탄생지
(Birthplace of Silicon Valley)'라고
소개하는 팻말이 세워져 있다.

최초의 차고 기업은 HP이다. 1939년 HP의 창업자인 빌 휴렛(Bill Hewlett)과 데이비드 패커드(David Packard) 팔로 알토(Palo Alto) 주택가의 작은 주차장에서 HP를 설립했고, 이들이 사용한 최초 사무실이 'HP Garage'로 불린다. HP Garage는 2000년 HP가 소유자로부터 건물과 함께 사들여 보수한 뒤 박물관으로 만들어졌고, 최초의 실리콘밸리 기업으로 HP가 가진 상징성을 고려해 2007년 미국 정부가 '역사적 장소(National Register of Historic Places)'로 지정했다. 이를 기념하는 팻말이 건물 앞에 있고, 그 위에는 '실리콘밸리의 탄생지(Birthplace of Silicon Valley)'라고 소개하는 또 다른 팻말이 세워져 있다. 참고로 사립 시설이기 때문에 실내는 공개하지 않는다.

여행 Tip

Steve Jobs Garage

●●●●●●●●●●●●●●●●●●●●●●

애플이 시작한 차고는 창업자 스티브 잡스의 이름을 따서 'Steve Jobs Garage' 혹은 'The Apple Garage'로 불린다. 실리콘밸리 로스 알토스(Los Altos)에 위치한 이 차고는 실제 스티브 잡스가 어린 시절을 보냈던 집의 차고였다. 1976년 이곳에서 잡스는 친구 스티브 워즈니악과 함께 애플컴퓨터를 조립하고 납품하기 시작했다. 현재 이 주택은 개인 소유로 스티브 잡스의 아버지 폴 잡스가 1989년 재혼한 부인 메릴린 잡스가 살고 있다고 한다. 지나가면서 볼 수는 있지만 절대로 사유지를 침범해서는 안 된다. 다만 사진은 찍을 수 있다. 이곳이 애플이 탄생한 곳이라는 표시는 없지만 워낙 사람이 많이 찾아가는 곳이어서 대개는 사람이 몰려있는 것을 보면 짐작해서 알 수 있다.

Steve Jobs Garage94024)

Google's First Home

● ● ● ● ● ● ● ● ● ● ● ● ● ● ● ● ● ● ● ●

1988년 스탠퍼드대 대학원생이었던 래리 페이지(Larry Page)와 세르게이 브린(Sergey Brin) 실리콘밸리 멘로 파크(Menlo Park)에 있는 친구 차고를 빌려서 창업한다. 이때 차고를 빌려줬던 친구가 당시 인텔 직원이었고, 1999년 구글의 최초 마케팅 매니저로 입사한 수전 워치츠키(Susan Wojcicki)이다. 수전 워치츠키의 구글 사번은 16번이다. 이후 수전 워치츠키는 구글의 유튜브(You Tube) 인수를 성공시켰고 2014년부터 유튜브 CEO를 맡아 구글 성공의 큰 역할을 담당했다. 2022년 유튜브 매출은 292억 달러(약 38조 원)로 구글의 모회사인 알파벳 전체 매출의 10%를 넘었다. 2023년 2월 수전 워치츠키는 유튜브 CEO를 사임하고 은퇴를 발표했다. 이에 이 차고는 'Google's First Home' 혹은 'Google Garage'라고 불리지만 'Susan's Garage'라고도 불린다. 한편 이 집은 2006년 구글이 구매해서 소유하고 있다고 알려져 있다.

Google's First Home

실리콘밸리 엑소더스, 그 실상과 원인을 진단한다

지난 1월 26일 영국 파이낸셜타임스는 'San Francisco is scaring away the tech crowd (샌프란시스코는 기술자 집단을 쫓아버리고 있다)'라는 제목의 기사를 통해 샌프란시스코, 나아가 실리콘밸리가 직면하고 있는 인재 이탈 이슈를 다루었다. 실은 최근 몇 년 사이 실리콘밸리에서 기업과 사람이 떠난다는 뉴스는 언론에서 주목하고 자주 보도되는 기사이다. 특히 지난 2020년 12월 휴렛팩커드 엔터프라이즈(HPE)가 캘리포니아 실리콘밸리에 위치한 본사를 텍사스주 휴스턴으로 이전한다는 발표가 크게 주목받았다. 기업이 본사를 다른 도시로 옮기는 결정은 종종 일어나지만, HPE의 본사 이전은 HPE의 전신인 휴렛팩커드(HP)가 실리콘밸리에서 갖는 상징성 때문에 충격적으로 받아들여졌다.

HP는 윌리엄 휴렛과 데이비드 팩커드가 1938년 실리콘밸리 내 팔로알토(Palo Alto) 주택가의 작은 차고에서 시작한 기업이다. 이후 실리콘밸리에 수 많은 스타트업이 HP와 같은 방식으로 작은 차고에서 창업되었다. 현재 실리콘밸리를 대표하는 애플이나 구글도 모두 작은 차고에서 출발했다. 이에 '실리콘밸리 차고 신화(Silicon Valley Garage's Myth)'란 말까지도 생겨났고, 최초 차고 기업으로 HP는 전 세계 IT 산업을 선도하는 실리콘밸리의 시작점으로 여겨졌다. 실제 이를 기념하기 위해 2007년 미국 정부는 HP 차고를 '역사적 장소(National Register of Historic Places)'로 지정했고, HP 차고 앞에는 '실리콘밸리의 탄생지(Birthplace of Silicon Valley)'라고 소개하는 팻말까지도 세워져 있다.

HPE의 본사 이전 소식이 있고 얼마 지니지 않아 실리콘밸리 대표 기업인 소프트웨어 업체 오라클도 본사를 텍사스주 오스틴으로 이전한다고 발표했다. 오라클은 1977년 캘리포니아주 산타클라라에서 시작된 실리콘밸리에서 가장 오래된 기업 가운데 하나이고, 2019년부터 메이저리그 프로야구팀 샌프란시스코 자이언츠 구단의 스폰서 기업이기도 하다. 이에 샌프란시스코 자이언츠 홈구장의 명칭이 바로 '오라클 파크(Oracle Park)'이기도 하다. 실리콘밸리에서 본사를 텍사스주 오스틴으로 옮긴 또 다른 기업은 테슬라이다. 지난 2021년 10월 일론 머스크 테슬라 CEO는 캘리포니아주 팔로알토 본사를 옮길 것이라고 주주총회에서 밝혔는데, 이어 2021년 12월 1일 테슬라는 미 증권거래위원회에 본사가 위치한 주소를 캘리포니아 팰로앨토에서 텍사스 오스틴으로 변경한다고 신고했다. 이에 경제 전문 매체 비즈니스 인사이더는 "이번 이동은 일론 머스크 CEO가 '골든스테이트(캘리포니아주 별칭)'와 결별하는 과정의 일부"라고 분석하면서, "테슬라는 이제 공식적으로 텍사스 기업이 됐다"고 평가했다.

테슬라의 본사 이전은 일론 머스크 CEO가 캘리포니아주에 대한 불만을 자주 드러내면서 이미 예견된 사건이었다. 특히 지난해 4월 코로나19 팬데믹 방역 조치와 관련해서 캘리포니아 주 정부의 적극적 대처 방침을 "파쇼적" 조치라며 강한 불만을 드러냈고, 이어서 본인의 주거지도 20년 넘게 살았던 로스앤젤레스에서 오스틴으로 옮겼다. HPE, 오라클, 테슬라의 본사 이전 그리고 머스크 CEO의 이사 소식이 알려지면서 언론들은 '실리콘밸리 탈출(Silicon Valley Exodus)' '베이 지역 탈출(Bay Area Exodus)' '샌프란시스코 탈출(San Francisco Exodus)' 등의 표현을 통해 실리콘밸리가 저물고 있다는 기사를 쏟아냈고, 월 스트리트 저널은 미국 IT기술의 허브로서 실리콘밸리의 지위가 상실하는 징후라고 분석했다. 그럼, 왜 이런 현상이 일어난 것일까?

테슬라 엔지니어링 HQ 건물 입구

테슬라 엔지니어링 HQ 건물

원인 1: 높은 세율과 기업 규제

캘리포니아는 미국 내에서 가장 높은 주정부 세율을 부과하고 있다. 연간 1백만불 이상의 소득인 있을 경우 개인소득세율 13.3%에 달하는데, 2위인 하와이는 11%이고, 3위인 뉴저지의 10.75%에 비해서도 월등히 높다. 많은 기업이 향하는 텍사스나 플로리다에서는 개인소득세가 없다. 이에 많은 미국 언론이 머스크 테슬라 CEO가 거주지를 옮긴 진짜 이유를 세금 혜택이라고 지적하는 이유도 여기에 있다. 비즈니스 인사이더에 따르면 머스크 CEO는 텍사스로 이전한 덕분에 약 25억달러 규모의 세금을 피할 수 있었다고 추정했다.

법인세도 마찬가지이다. 캘리포니아의 법인세율은 8.84%로 미국 전체에서 8위에 해당하지만, 텍사스는 법인세율을 적용하지 않는다. 한편 블룸버그 통신은 실리콘밸리 엑소더스의 또 다른 이유로 캘리포니아가 다른 주보다 규제가 높아 기업 운영에 부담을 준다고 주장했다. 미국 리서치 싱크탱크인 퍼시픽 리서치 연구소는 근로자 보상, 직업면허, 최저임금, 노동법, 필수 의료 혜택, 실업보험 그리고 단기 장해급여 등 7개 분야의 종합점수를 가지고 규제 순위를 발표했는데, 캘리포니아는 미국의 50개 주 중 두 번째로 고용 규제가 높은 것으로 나타났기 때문이다.

원인 2: 살인적인 집값과 범죄 급등

2022 2월 1일 미국 CNBC 방송은 부동산 임대 플랫폼 기업 줌퍼(Zumper)의 자료를 인용하면서 미국 주요 도시의 2021년 주택 임대료 가격과 상승률을 보도했다. 미국 전체에서 주택 임대료가 가장 비싼 곳이 실리콘밸리의 샌프란시스코로 나타났다. 샌프란시스코의 2 베드룸 기준 월 임대료 중간값은 3930달러로 전년동기 대비 12% 올랐다. 그 다음이 뉴욕, 보스턴, 마이애미, 워싱턴 DC 순으로 나타났다. 뉴욕의 월 임대료 중간값은 3,400달러였는데, 이는 지난해보다 27%나 급등한 것으로 나타났다. 보스턴과 마이애미도 전년 대비 26%와 24%가 올라가 미국 전체 임대료 상승을 견인했다. 이 조사에서 흥미로운 점은 샌프란시스코가 전국에서 가장 높은 임대료를 기록했지만, 2019년과 비교하면 월 1000달러 이상 저렴해진 것으로 나타났다는 사실이다.

샌프란시스코의 도시 범죄 문제도 심각한 상황이다. 특히 주택과 자동차 절도가 만연한데, 앞서 파이낸셜타임스는 절도범이 물건을 훔치는 과정에서 자동차 유리를 깨트리지 않도록 하기 위해 아예 차문과 트렁크 잠금 장치를 풀어두거나 활짝 열어두는 주민 사례도 있다고 전했다. 2021년 11월에는 샌프란시스코 유니언스퀘어에서는 루이비통 등 명품 매장이 약탈당했고, 2021년 5월 대형약국 체인점인 월그린스는 샌프란시스코 내 매장의 절도가 4배가 높다며 17개 매장을 없앴다. 아시아계에 대한 범죄 증가도 문제가 되고 있다. 미국에서 'Anti-AAPI hate crime' 운동, 즉 아시아계 혐오 범죄 반대 운동이 확산되고 있는데, AAPI(Asian Americans and Pacific Islanders)는 아시아계와 태평양 도서민을 의미한다. AAPI에 대한 증오에 찬 공격은 미국 전역에서 증가하는 상황이지만, 안타깝게도 진보적 사고와 이민자 보호의 상징인 샌프란시스코 상황이 더욱 심각한 것으로 보도되고 있다.

원인 3: 코로나19로 인한 원격근무와 기술의 탈중앙화

코로나19도 실리콘밸리에서 인력 이탈을 가속화시킨 요인으로 뽑힌다. 많은 IT 기업 직원들이 강제적으로 재택근무를 경험하게 되면서 세금, 물가, 규제 등의 차이를 느끼는 계기가 되었다. 기업들도 재택근무 상황에서 생산성은 유지될 수 있음을 확인하게 되었고, 화상회의 발전으로 물리적 공간의 중요성도 감소했다. 과거 실리콘밸리에는 투자자와 스타트업 기업 간 물리적 거리가 20분 내에야 한다는 '20분 룰(20-minute rule)'이 존재했다. 하지만 코로나19로 인해서 모두가 재택근무하는 상황에서 기업이 반드시 투자자와 가까운 물리적인 거리를 유지하기 위해 실리콘밸리 내에 머물러야 할 이유가 사라진 것이다. 오라클이 사무실 이전과 관련해 "많은 직원이 사무실 위치를 직접 선택할 수 있을 뿐만 아니라, 시간제나 풀타임으로 재택근무를 할 수 있다"라고 언급한 점도 코로나19 이후 '뉴노멀'을 고려한 결정이 있음을 시사했다.

앞서 파이낸셜타임스 기사는 미국 최대 암호화폐거래소 기업인 코인베이스의 CEO 브라이언 암스트롱의 트위터를 소개했는데, 암스트롱 CEO는 지난해 4분기 채용한 직원의 89%가 샌프란시스코 외 지역 출신이었다고 밝혔다. 이는 2019년 1분기 이 비율이 30%였던 것과 비교하면 3배로 늘어난 것이다. 이에 암스트롱 CEO는 "Tech is definitely decentralizing(테크는 확실하게 탈중앙화하고 있다)"라고 주장하면서 이제 실리콘밸리는 물리적인 공간이 아닌 클라우드 내에 있다고 강조했다. 기술이 탈중앙화하고 글로벌한다는 의미는 테크 인재를 미국 전역에서 나아가 전세계에서 원격으로 구할 수 있다는 의미이다. 벤처 캐피털리스트이자 빅데이터 기업인 팔란티어(Palantir) 창업자인 조 론스데일도 샌프란시스코를 떠난 대표적인 인물인데, 2020년 11월 「월스트리트 저널」에 기고하면서,

"2000년이나 2010년에는 샌프란시스코에 건물을 짓는 게 합리적이었다. 거기에 모든 인재들이 있었지만 더 이상은 아니다"라고 주장했다.

텍사스 오스틴, 제 2의 실리콘밸리로 부상하다

실리콘밸리를 떠나는 기업들이 새로운 정착지로 가장 선호하는 도시는 오라클과 테슬라가 선택한 텍사스주 오스틴이다. 오스틴은 이미 세계적인 반도체 기업 AMD와 PC 제조사인 델 등 IT 대표 주자들이 이미 터를 잡고 있는 도시인데, 애플, 알파벳, 아마존 등 빅테크 기업도 주요 시설을 오스틴에 세우거나 확장하고 있다. 애플은 10억 달러를 들여 올해 완공을 목표로 7000여 명이 근무할 수 있는 별도 캠퍼스를 오스틴에 건설 중이다. 이처럼 많은 IT 기업들의 오스틴 이주나 확장이 이어지게 되면서, 언론들은 오스틴을 가르쳐 '실리콘힐스(Silicon Hills)'라는 새로운 명칭을 만들었다. 이는 오스틴 서부 구릉지대를 실리콘밸리에 비유한 표현이다. 오스틴은 실리콘밸리와 같이 일년 내내 따뜻한 기후를 가지고 있고, 주변에 25개 대학이 위치하여 노동인구의 47%가 대졸자일 정도로 양질의 노동력을 보유하고 있다. 제2의 실리콘밸리가 되기에 최적의 조건이라 하겠다.

당연히 오스틴 인구가 빠르게 증가하고 있다. 미국 인구통계국에 따르면 2022년 오스틴 인구는 1028만명에 달해 미국 10

위 도시에 해당하며 2010 이후 27.55%가 늘어났다. 같은 기간 뉴욕은 0.16%가 감소했고, 샌프란시스코는 9.76% 증가에 그쳤다. 하지만 최근 너무나 빨리 도시가 커지면서 각종 이슈가 발생하는 형국이다. 「월스트리트 저널」은 오스틴 시내 곳곳에는 새 건물 건축을 위한 건축용 크레인이 들어서 있다고 비유하면서, 오스틴 내부적으로는 갑작스럽게 몰려든 사람들과 자동차, 건물들로 도시 전체에 교통 체증을 비롯한 각종 문제가 새로운 이슈로 떠오르고 있다고 보도했다. 그 밖에 플로리다 잭슨빌, 플로리다 탬파, 테네시 내슈빌, 노스캐롤라이나 샬럿, 콜로라도 덴버도 실리콘밸리를 떠난 기술 인력이 향하는 도시로 떠오르고 있다.

실리콘밸리 위상은 여전히 견고하다

캘리포니아 실리콘밸리와 그 중심에 있는 샌프란시스코는 기업과 테크 인력의 이탈로 정말 기울고 쇠퇴하게 될까? 인구 측면 보면 이미 2016년부터 실리콘밸리에는 유입 인구보다 유출 인구가 크다. 최근에 발표된 실리콘밸리 인덱스에 따르면 2021년 베이 지역에 5,560명이 유입된 반면 무려 37,940명이 실리콘밸리를 떠난 것으로 나타났다. 베이 지역의 인구 감소는 분명한 사실이지만 실리콘밸리의 미래가 어둡다는 의견에는 여전히 많은 사람들이 동의하지 않는다. 오히려 전세계 기술 혁신을 이끄는 실리콘밸리의 위상은 더 강화될 것이라고 보는 시각도 여전히 유효하다. 이들은 실리콘밸리의 성공을 이끄는 DNA는 이미 거대해진 공룡 IT 기업이 아니라 매일 새로운 혁신에 도전하는 스타트업과 이들의 창업가 정신에 있다고 주장한다. 최근 글로벌 창업 생태계 분석기관인 스타트업 제놈(Startup Genome)이 발표한 Global Startup Ecosystem Ranking, 즉 전 세계에서 어느 지역 창업 환경이 잘 갖춰져 있는지에 대한 순위에서 실리콘밸리는 2021년에도 1위를 차지했다. 여전히 실리콘밸리는 전세계 어느 지역보다 창업에 유리한 지역이라 하겠다(참고로 서울은 16위, 텍사스 오스틴은 20위).

실리콘밸리의 건재를 보여주는 또 하나의 중요한 지표는 얼마나 많은 창업자금이 베이 지역에 투자되는지에 대한 통계이다. 글로벌 비즈니스 조사기관인 CB인사이트에 따르면 2021년 미국 전체의 벤처 투자금은 3,112억 달러에 달했는데, 가운데 실리콘밸리에 투자된 금액이 1,053억 달러로 전체 금액의 34%에 달했다. 최근 실리콘밸리, 특히 샌프란시스코에서 주거 환경 저하, 홈리스 증가, 도시 범죄 이슈로 지역의 매력도가 감소하는 것은 사실이다. 하지만 여전히 실리콘밸리는 전세계 IT 혁신의 메카로서 창업과 벤처투자의 중심지라는 견고한 위상은 쉽게 깨지지 않을 것으로 전망된다.

여행 Tip

샌프란시스코에서 메이저리그 야구 경기를 관람하자
San Francisco Oracle Park

SCAN ME

● ● ● ● ● ● ● ● ● ● ● ● ● ● ● ● ●

미국 메이저리그 프로야구팀인 샌프란시스코 자이언츠(San Francisco Giants)의 홈구장 이름이 오라클 파크(Oracle Park)이다. 전에는 미국 통신회사 AT&T 이름을 따서 AT&T 파크였는데 2019년부터 오라클이 새로운 스폰서 기업이 되면서 오라클 파크로 이름이 바뀌었다. 오라클 파크는 2000년에 개장하여 상대적으로 새로운 구장이며, 개장 당시 이름은 퍼시픽 벨 파크였다. 2000년 4월 11일 샌프란시스코 자이언츠와 숙명의 라이벌 팀 LA 다저스와 첫 개장 경기가 이뤄졌는데 그 당시 LA 다저스의 선발 투수가 바로 박찬호 선수였다. 결과는 박찬호 선수의 승리. 오라클 구장을 가보면 우측 외야를 개방하여 샌프란시스코 만의 풍경이 보인다. 그리고 우측 외야 관중석 뒤에 바닷가가 펼쳐져 있는데 이쪽으로 넘어가는 홈런을 스플래시 히트(Splash Hit)라고 한다. 샌프란시스코 사람들은 스플래시 히트 지역을 맥코비 코브(McCovey Cove)라고 부르는데(공식 이름은 '차이나 베이신 China Basin'), 1960년대 일루수이자 좌완 거포였던 윌리 맥코비(Willie McCovey)의 이름을 따서 지었다. 경기장 안에는 지금까지 스플래시 히트가 얼마나 있었는지를 보여주는 전광판도 있고, 경기를 보면 스플래쉬 히트를 잡으려 멕코비 코브에서 보트를 타고 있는 사람도 종종 볼 수 있다.

Oracle Park

사진출처 www.facebook.com/OracleParkSF/photos

● 에필로그

결국 사람이다!

4차 산업혁명 시대이다. 초연결(Hyperconnectivity)과 초지능(Superintelligence)을 특징으로 하는 이 시대에서 우리는 지금껏 경험하지 못한 속도의 기술 발전을 목도하고 있다. 인공지능, 빅데이터, IoT, 클라우드 컴퓨팅, 3D 프린팅, 메타버스, 챗GPT 등등. 그럼 누가 4차 산업혁명 변화를 이끌 것인가? 결국 사람이다. 다만 사람의 육체적 노동력보다는 창의와 혁신을 발현하게 하는 인간의 지능과 이를 끌어내는 조직의 능력에서 이 시대의 승자와 패자가 갈릴 것이다. 당연히 조직에서 사람을 다루는 HR의 역할은 그 어느 때보다 중요성이 드러날 수 밖에 없다.

미국 온라인 매체인 「미디엄(Medium)」은 지난 2020년 "AI(인공지능)에 의해서 절대 대체될 수 없는 15가지 직업(15 Jobs That Will Never Be Replaced By AI)"이란 제목의 기사를 발표했다. 내용의 핵심은 AI나 로봇은 'Real Human' 즉 진실된 인간의 역할을 못하기 때문에 이 영역을 담당하는 직업은 미래에도 살아남고 더욱 필요하게 될 것이라는 전망이다. 그리고 15개 직업 가운데 첫 번째로 'HR 매니저(Human Resource Manager)'가 선정되었다(참고로 2위는 컴퓨터 시스템 분석가, 3위는 교사, 4위는 스포츠맨, 5위는 판사와 변호사).

물론 미래의 모든 직업에 AI가 주는 영향력은 막대할 것이고 현재와 같은 모습으로 직업이 유지되지 않을 것이다. HR도 마찬가지인데 AI가 가져오는 변화는 상당할 것이다. 특히 단순 반복적인 업무에서는 점점 존재감이 커질 것이다. 최근 HR 챗봇이나 지원자 선발 시스템 등에서 AI가 빠르게 도입되는 이유이다. 하지만 AI가 침범할 수 없는 HR 영역, 가령 조직 내 사람의 갈등을 해결하고, 사람의 역량을 개발하고, 사람의 동기를 높이는 HR 담당자의 가치와 중요성은 4차 산업혁명 시대에 더욱 부각될 것은 자명하다.

하지만 우리에게 익숙한 HR 방식으로는 불가능하다. 그래서인지 최근 선진 기업은 인사 부서 명칭을 HR이 아니라 People이나 Culture 등으로 쓰는 경향이 나타나고 있다. 이는 정체성 변화를 통해 과거 HR 한계를 넘어서는 노력이라 할 수 있다. 조직 이름 변경도 나름 그 의미가 있지만 본질은 어떤 HR이 새로운 시대에 적합한지, 나아가 HR 자체의 변화는 어떻게 진행되어야 하는지에 대한 고민과 통찰에 있다. HR이 어떻게 바뀌어야 할까? 저자의 해답은 이 책의 4부에서 소개한 휴머노크라시가 추구하는 방향과 같이 'Fully Human', 즉 완전한 인간으로 회복을 이끄는 HR이 되어야 한다는 점이다.

지금까지 HR이 일하는 방식은 '복종(주어진 명령을 따라 일함)', '근면(성실하고 열심히 일함)', 그리고 '지능(전문성을 가지고 베스트 프랙티스에 따라 일함)'에 많이 치중되어 왔다. 저자가 같이 일했던 많은 HR 임원들도 그랬고, 기업의 CEO들도 HR에 대한 가치를 복종, 근면, 지능에 국한시키는 경우를 자주 경험했다. "HR은 경영진이 주문하는 것을 잘 실행하면 됩니다" "HR은 실수가 없도록 꼼꼼해야 합니다" "HR은 타사 사례를 잘 공부해서 적용해야 합니다" 등등의 주장이 과거 HR 가치를 잘 보여준다. 하지만 4차 산업혁명 시대에 이러한 가치는 AI가 더 잘 할 수 밖에 없다. AI만큼 복종하고, 근면하고, 지능이 높을 수는 없지 않는가?

휴머노크라시의 저자가 인간 능력 발현 단계에서 주장했듯이 4차 산업혁명의 HR은 '주도(문제해결과 업무 경계를 허물면서 일함)', '창의(상상력과 타분야에 대한 학습을 실행하면서 일함)', '열정(한계를 넘고 모험을 감소하면서 일함)'의 가치를 적극적으로 받아들여야 한다. 물론 쉽지 않은 일이다. 익숙하고 편한 방식을 벗어나야 하고 때로는 과거 가치와 치열하게 부딪치고 싸워야 한다. 시대적 전환기에서 살아남고 존재 가치를 올리기 위해서는 HR 담당자는 더 많이 학습하고, 상상하고, 위험 감소와 현장 적용을 통해 계속 진화되어야 한다. 실은 이 방법 밖에 없다. 이 책이 HR 현장에 있는 많은 분들에게 통찰과 변화의 자극을 만드는 작은 불씨가 되었기를 희망한다.

● 참고문헌

1부 Amy C. Edmondson, Psychological Safety and Learning Behavior in Work Teams. Administrative Science Quarterly 44, no. 4 (December 1999): 350-383

How Diversity Can Drive Innovation, https://hbr.org/2013/12/how-diversity-can-drive-innovation

Jacob Morgan, The Employee Experience Advantage: How to Win the War for Talent by Giving Employees the Workspaces They Want, the Tools They Need, and a Culture They Can Celebrate, 2017, John Wiley & Sons

Future of Work Trends Post-COVID-19, https://www.gartner.com/en/human-resources/trends/future-of-work-trends-post-covid-19

2부 It's Time to Split HR, https://hbr.org/2014/07/its-time-to-split-hr

Why We Love to Hate HR…and What HR Can Do About It, https://hbr.org/2015/07/why-we-love-to-hate-hr-and-what-hr-can-do-about-it

The Performance Management Revolution, https://hbr.org/2016/10/the-performance-management-revolution

(Re)Designing the HR Organization, https://kateskesler.com/wp-content/uploads/2012/08/HR_Design.pdf

Business driven HR: Unlock the value of HR Business Partners, https://www2.deloitte.com/content/dam/Deloitte/nz/Documents/human-capital/unlockthevalueofhrbusinesspartners.pdf

2022 Silicon Valley Index, https://jointventure.org/download-the-2022-index

3부 Michael Armstrong and Angela Baron, Managing Performance: Performance management in action, 2004, Chartered Institute of Personnel and Development, CIPD House

Andrew S. Grove, High Output Management, 1995, Vintage

Peter F. Drucker, The Effective Executive: The Definitive Guide to Getting the Right Things Done, 1966, Harper & Row

Ambler, T., & Barrow, S. (1996). The Employer Brand. Journal of Brand Management, 4, 185-206.

Jim Collins, Good to Great: Why Some Companies Make the Leap and Others Don't, 2001, HarperBusiness

4부 Best Business Books 2020: Strategy, https://www.strategy-business.com/article/Best-Business-Books-2020-Strategy

Patrick M. Wright, et al. The Chief HR Officer The chief HR officer: defining the new role of human resource leaders, 2011, John Wiley & Sons

Laszlo Bock, Work Rules! Insights from Inside Google That Will Transform How You Live and Lead, 2015, Twelve

State of the American Manager, https://www.gallup.com/services/182138/state-american-manager.aspx